(來休假一天!)

讓生命潛能 帶你探索心靈世界的真、善、美

Life Potential Publishing Co., Ltd

Courageous Dreaming

印加大夢

薩滿顯化夢想之道

阿貝托・維洛多博士／著　許桂綿／譯

第二部　從築夢到勇敢行動

致謝

首先我要感謝我的夥伴瑪賽拉・羅伯斯（Marcela Lobos），沒有她的支持，我可能沒有勇氣完成這個計畫。感謝你，我已經學習到如何構築我的人生，化夢成真。

本書的誕生要歸功於許多人的努力，特別要感謝的是編輯南西・佩斯克（Nancy Peske）與夏儂・利徹爾（Shannon Littrell），她們將手稿整理成形，賦予其生命。最後要感謝賀式書屋出版社（Hay House）的總裁雷德・翠西（Reid Tracy），由於她的遠見，這本書方能問世。還有我的好友詹姆斯・海默頓（James Hamilton）博士，他提供了安地斯山上的溫馨住所，讓我能安心完成手稿的編輯工作。

推薦序——

煙夢初醒

李育青

樹葉雖然很多，然根柢惟一。
青春歲月虛妄的日子裡，
陽光中我將葉子和花招搖；
如今，且讓我枯萎成眞理。

——葉慈

故事始於一座山腰旁的休憩地，那兒的空氣凝靜而清涼，芳香的花蕾帶著端莊的矜持低懸著，稀疏的葉與枝椏，仍掛著它們從清晨採集而得的星星也似的冠戴，像駱馬般潔白的雲絮在藍色的天堂酣睡，然後一聲渺不可聞的呼喚在群山間潛移。安地斯山的薩滿長者們對著一群求知若渴的學生說：「讓我們來談談吧，談談我們所知道的一切。」……話語在寂靜之後化作千縷微風，像鷹一樣翱翔在無限寬廣的天空。

「很久很久以前，在一個群山環繞的小村落，有一個就像你我一般的人，努力地跟部落的長者學習，想成為一個出色的薩滿。但他並不完全認同所學的一切，心底有個聲音讓他覺得還有些什麼在召喚著。一天夜裡，他睡在山上的洞窟中，夢見自己看著自己在睡覺，於是他走出洞窟，新月清朗的夜空中，繁星點點在他眼中閃爍，此時，內心深處乍現的靈光永遠轉變了他的生命。望著自己的雙手，感受著自己的身體，他聽見自己的聲音說：我就是那光、那星辰所造。

再度仰望星空，剎那之間他明白，並非星辰散發出光芒，而是光創造了星辰。萬物皆為光所造，介於之間的空間並非虛無。同時他也明白，一切的存有都是活生生的母質的展現，而光是生命的信使。他雖為星辰所造卻並非那星辰，在兩者之間創造出和諧與相互輝映關係（Ayni）的是生命力（Kawsay）或意念（Intent）。他也覺察到物質就像一面鏡子——每件事物就是一面特定的鏡子，反射光也創造那光的映像。而『夢』這幻象的世界就像迷霧一般阻止我們認清自己的實相。他說：我們真實的自我就是純粹的光與愛。

這樣的覺醒徹底轉換了他的生命，他很驚訝地在每件事物中發現自己，在每個人、每隻動物、每棵樹之中，在水中、在雨中、在雲裡，在大地之中。他看見生命力以種種不同的方式創造出大千世界。

他帶著滿心的和諧、寧靜與喜悅回到部落想和別人分享卻無法言說。人們也察覺他變得不一樣了，有某種美的質地從他的眼神與聲音中不自覺地散發出來，讓他如此與眾不同。他同時也覺察到每個人都在作夢，不帶任何覺知也不知自己真正的本質，因為有一堵厚重的迷霧阻隔在鏡前。而這迷霧是由人類的『春秋大夢』——試圖去闡述演譯鏡中光的映像而來的。

從此，他稱自己為『發煙的鏡子』，他說：我從你們之中看見自己，但因迷霧阻隔，我們彼此卻形同陌路。『夢』就是那煙霧，『鏡子』就是你，夢中的人啊！」

有時，閉起眼睛，對所見所聞帶著錯誤的認知過活會覺得容易些。但卻讓人陷入噩夢中而渾然不知，世代如此，固守所有猶疑的思想於那所有思想已然完成的弦魄，誰有能力區別靈魂中的黯影？所以人就病聾、瘖啞、眼瞎，生命滿是憂傷與痛苦。阿貝托博士的近作《印加大夢》教導我們以印加薩滿的覺知與勇氣，認清噩夢的本質，其實就是我們內在的恐懼與陰影投射而成的能量狀態。過度的自我保護與對抗只會強化這投射的二元對立性，使它更為強大而成為揮之不去的夢魘。如果我們採取「開放式的對話」，面對黯影，它將會轉化為我們築夢與行動的勇氣與動力。

當你倦了，灰黯，沉沉欲眠，請取下這本書，慢慢讀，夢回你眼睛曾有過的柔光以及那深深波影。秋天，化身為陽光照射在田野間。冬日，化身為白雪綻放鑽石般的光芒。晨曦升起時，幻化為飛鳥輕聲喚醒你。夜幕低垂時，幻化為星辰溫柔守護你。

李育青　Apuchin（飛翔的山或禿鷹）
• 開業牙醫師
• 臼井靈氣治療師、印加薩滿
• 前生態關懷者協會理事長

引言

Courageous *Dreaming*

我們怎麼想，決定了我們是誰。
我們是什麼樣的人，全起因於心中的想法。
帶著如是的想法，我們創造了世界。

——佛陀

不論我們是否有所察覺，每一個人都因為心中的夢想而參與了世界的創造。心中的夢想不同於睡眠時所作的夢，而是一種踏實的築夢；是睜開眼的、清醒時刻的築夢。由於長久以來人們未意識到自己與宇宙共同創造了現實，因而創造的潛力一點一滴消逝，導致心中的夢逐漸演變成一場噩夢。我們開始覺得自己是那未知、駭人的創作品的犧牲者，對於那創作品，自己沒有半點影響的能力；外在事件總是不斷在操控、陷我們於不利。結束這個可怕現實的唯一方法，就是醒過來，認清一項現實，原來那也是一場夢——然後看清楚，自己有能力撰寫一個更佳的故事，這是一個宇宙與我們共同創造的故事，故事的劇情將因這共同的努力而顯現出來。

宇宙的本質是，不論你對自己和對世界有著什麼樣的期許，都會成真。一旦醒覺自己具有這種力量，內在的勇氣便會慢慢浮現出來。於是你便能勇敢築夢，拋開限制你的各種想法，趕走內心的恐懼，開始草擬一份真正有原創性的夢想，這夢想發自靈魂，而將在現實中結果。

勇敢築夢方能使你在一切的源頭處創造；那是宇宙的源頭，在那裡，萬物皆以潛伏的狀態存在。物理學家認為，在量子世界裡沒有什麼東西是真實的，直到它被看到。那顯明可辨的能量束被稱為「量子」（其中包含了物質的分子，還有光），它既不在此處，也不在彼處；可以這麼說，它們在時空之中到處都是，只要你或我決定看到它；然而就在這麼做的剎那，這些量子也就被逐出了無限可能性之外，聚合、定格成為時空中的一個事件。一旦它們選擇了一個特定的形式顯現，這些能量束就很喜歡彼此連結。能量只要一顯現，現實就被鎖定了；我們的現實就變成在「此時此地」，而非「到處都是」。

量子事件不僅僅只是存在實驗室而已，它們也存在人的腦中、在書本的這一頁，以及身旁每一處。即便它們相隔幾萬里、相隔數天或數週，這些能量量子束仍舊互相緊密連結，因此，如果我們和其中一個互動，就會影響整個能量系統，當我們達成夢想的任何一個部分，就可改變現實，影響整個夢想。

現代物理學正以各種新發現，描述古代美洲原住民智慧傳承者早已知道的事。這些智慧傳承者（即薩滿，或稱為「地球守護者」）說，人們在心中夢著、想著、描摹著，於是這世界慢慢成形；正因為這種集體「在心中目睹」的行為，世界於是顯現。雖然科學家相信，我們只能在非常小的次原子世界上做到這件事，但薩滿們卻明白，我們可以構築出大千世界，並且用感官實際經驗到這個世界。

印加的地球守護者與澳洲原住民有頗多雷同之處，在他們生活的世界裡，作夢時刻並未被擠壓進睡眠的畛域。他們非常明瞭，宇宙萬物皆起源於創造的母體，而且最終也將回歸這個母體。作夢時刻會滲透進入每一種物質和能量，連結一切創造物、每一塊岩石、每一顆星、每一道光線、每一粒太空塵。夢想的力量就是參與宇宙創造的力量。構築現實不僅是一種能力，也是一種職責，是每一個人必須學會且深感榮耀的事；實現這個能力，因而子子孫孫方能繼承一個平和且豐盈的世界。

事實上人們已經期許宇宙到達非常細節的地步。就在那一次的宇宙大爆炸之後，百分之九十九點九九的物質和反物質，還在繼續不斷互相消滅。我們今日所觀看的繁星和銀河，都是在那一次爆炸之後留下的，而且這一些還只不過是當時眾星球之中極微小的一部分，要是在那之後，宇宙間物質對空間的比率有了即便是十億分之一的改變，那麼其後那容許生命出現的物理學定則將不可能存在。大爆炸必須經過完美的指示和計算，才能製造出10的50次方的星塵，那是在1的後面有50個0，不能多也不能少。這種狀況純粹因為偶然的機會而產生，但只有在思及宇宙間存在相當大數量的小宇宙，這種看起來似乎不可能發生的事件（即我們所存在之宇宙的誕生），才可能有發生的道理。

更加令人不解的是，那精確細微的宇宙參數到底是如何形成的，尤其是地球表面所籠罩的大氣狀況，一直以來都維持在一個完美的溫度平衡：十多億年來，一直介於純水的冰點與沸點之間。這些使得後來生命得以出現的比率、參數，其形成的高度不可能性，似乎正暗示著一種絕對智慧力量的存在，地球守護者稱此為「夢的時刻」或「無限」。

這些地球守護者是我遊歷安地斯山和亞馬遜河時的導師，他們相信，人們透過提高意識的層次，便能接近這一股力量。在你嘗試提高意識層次時，會發現自己猶如一滴水，淌落在廣大無垠而神聖的海洋中，鮮明卻同時沒入一股比自身更龐大的洪流。只有在體驗到自身與無限的連結之後，才可能將夢想的力量發揮得淋漓盡致。事實上，人們因為感覺到自己與無限分離，才使得人們自覺陷於噩夢中無法自拔。這聽起來是否像是雞生蛋、蛋生雞的問題？正是如此。然而究竟是哪一個先呢？噩夢先發生，還是個體抽離無限先發生？答案是，它們同時發生。

想要結束這一場噩夢——找回夢想的力量，以便鍛造一個更佳的現實，我們必須不只在理性認知上認可此一過程，還必須讓身體內在的每一部分都了解，讓這種經驗滲透到細胞層次上。理性上對於自己創造現實能力的理解，雖然能夠逼使自己勉強模仿出來，但卻防礙了真正化夢成真的能力發揮，如果不試圖超越這份認知，我們最後會自降能力，創造出遠比自身潛力還狹窄許多的現實經驗。擁有了發自細胞層次的深邃理解之後，我們便明白，自己可以在此刻此處將無限的經驗分享出來，不會再感到與無限分離。

想要一窺無限的境界，需要極大的勇氣。在希臘神話裡面，神總是會迅疾無情地懲罰那些膽敢登上奧林匹斯山的凡人，這些凡人只不過是想嚐嚐神聖力量的滋味。然而他們最終還是會給與那些真正有勇氣踏入其領域的人，應得的報償，譬如赫丘力士和賽姬。還有，在猶太基督傳說裡，當亞當和夏娃違反上帝的命令，偷吃了知識之樹的果實，明白了善與惡之後，上帝也迅速將他們逐出伊甸園。「以免（人類）又伸出手來，拿走了生命之樹，吃了它的果實，從此長生不死。」（創世紀3：22）。但不管這些人類的原罪，所有男人和女人都被許諾一個機會，即在最終的時刻能夠進入天堂。

一旦體驗到夢想的力量，你會發現，生命中每一個事件根本是同步展開的，事件雖然可能不見得依照你期望的方式發生，但在一個更寬廣的架構之下，它們卻以一種無比的和諧性發生。舉例來說，你在趕去上班的途中錯過了一班火車，而那一天正是恐怖分子攻擊世貿大樓的劫難日，你因為這樣而躲過一劫，存活了下來（此例正發生在我一名學生身上）。或者你的孩子告訴你，他已經獲准進入某一所大學，而就在同一星期，你埋藏在心中很久的夢想也實現了，那就是升官。另一方面，萬一你覺得宇宙似乎永遠與你作對，那麼你要做的是，改變你的夢想。

透過勇敢築夢，人們會漸漸發現，自己所面臨的問題不再那麼不堪負荷，而且個人的生命也不能就這樣被這些問題定調。雖然眼前的難題看來如此真實，你總是有機會選擇從中創造一則英雄故事，而不是一件受難傳奇。你早晚會找到辦法，終結作為一個犧牲者的角色（受害者），也不用一肩扛起拯救世界的大責（拯救者），或對於傷害你的人懷恨在心、意圖報復（惡徒）（參見第二章）。

你將看見，生命確確實實就是你眼前看到的模樣，你會找到方法丟開心中那一個個故事；過去這些故事總是將你重重綑綁，讓你活得不快樂，還要在治療師的辦公室裡大吐苦水。從今以後，你將要開始練習勇敢築夢，化夢成真，一切都將因此而改變。

地球守護者認為，這世界是真實的，但只有在我們夢見它，它才會變得真實。築夢需要行動的勇氣，當我們缺乏勇氣，便不得不屈從文化和自身基因所創造出來的世界——感覺自己得委曲棲身在噩夢中。想要勇敢築夢，我們必須願意用「心」，否則夢想只會停留在思考、規畫、過度擔憂的層次，最後又轉變成了噩夢，或不切實際的幻想，把我們套牢，或者更加漂浮不定，於是我們納悶，究竟發生了什麼事？

＊　＊　＊

我記起早年到亞馬遜地區的一次旅行，那時我還是年輕的人類學研究者，為了調查薩滿們的治療術而深入雨林，並且還決定把自己當成實驗品。我向叢林巫士解釋，自己年幼時就逃離了出生地，因為故鄉發生了共產革命。我常目睹街道上的流血事件，晚上還被震耳欲聾的槍砲聲嚇得無法入眠。從那時候開始，我便時常作著同樣的噩夢，夢裡總有荷著槍的男人闖進屋裡，把我的親人帶走。在向巫士娓娓道出這些往事時，我已年近三十，那些年來，我一直無法維繫一份較為長久的關係，原因是，我害怕所愛的人會像噩夢中上演的情景一般，全部離我而去。

在一次治療儀式中，薩滿向我解釋，每一個人都是一樣的，若不是達成心願，就是苦苦守著那些自己達不到的理由。「你過度陶醉在自己的故事裡了，」老薩滿說，「除非你終於敢作一個完全不一樣的夢，在這之前，你所有的夢都會是噩夢。」

那天晚上，我學到如何替自己編寫一個不同的故事，過去我在那故事裡總是一副被逆境焠鍊成鋼的模樣，而我的經驗也告訴我，要對任何受苦的人心存憐憫。要構築一個新的夢，第一步就是創造一個新的故事，我在那裡面不再是個受害者角色。之後我更加明白，我所作的夢不只是關乎我個人的生命，還關乎整個宇宙；我所構築的夢想，使宇宙也跟著改變，正如宇宙也改變了我的生命一樣。

雖然理智上總是抗拒，但事實卻是：你有絕對的選擇權。就和我一樣，任何人若不是達成心願，就是苦苦守著那些達不到的理由。你可以盡情享受喜悅與平靜，不然就是繼續拖著沈重的包袱，裡面裝滿各種悲傷的事件，或是兒時、前一段關係中的不快記憶。你可以選擇繼續忍受傷口的折磨，或是享受得來的榮耀。想要扛著舊傷活得像個受害者，還是活得像個英雄，完全取決於你，而且只能選擇一個。想要感覺自身的力量感，便要下定決心，創造神聖的夢想，並且演練勇氣。

勇敢築夢所發生的知覺層次，是地球守護者所稱的「蜂鳥層次」，蜂鳥代表了英雄般旅程的原型，正如它所代表的，人生必然會無可避免地經歷錯誤的轉折，但隨著每一次的偏離及返回，你會再次確認自己正在構築現實，而且不斷加深對此一旅程的了解。你將能以平靜的心和幽默感擁抱旅途中不斷變化的山水，甚至因而體驗到難以言喻的恩典。

認出自己活在噩夢中

「作夢」這個詞意謂，當人們睡眠時在腦海中浮現的一連串次序混亂而奇異的影像。夢境可以是一種隱喻，譬如人們渴望住在夢中的華房、經驗一次夢想中的浪漫愛情、擁有一份夢中的事業。當我們凝視現實中的問題，然後說自己夢想能夠終結貧窮、暴力、全球暖化時，意思其實是，我們深知自己只是耽溺於一種願望，描述出心中某一不可能實現的感受而已。然而不論是睡眠的夢境還是心中願望式的感受，都不是本書所探討的「築夢」的夢。

如果你和大多數人一樣，原本所規畫的夢想人生卻在某一處出了岔子，然後你仔細檢查到底是哪裡出了錯，重新修改一番，暫時拋開失望，再試一遍，結果還是失敗了。這時你可能跌到人生的谷底，開始要失去所有原本篤信不疑的信念，不再相信自己能夠過著滿足而有意義的生活，或者對於自我的命運感到非常無力。或許你只是一時分了神，忘記自己原本構築的遠景，此刻你只覺得自己像是行屍走肉，徒然活著，卻不知曉其間的意義為何。「夢想」這件事似乎太令人挫折且徒勞無益。

當人們深陷在每日繁瑣的雜務裡，同時又嘗試了各種辦法，塑造認為可以使自己快樂的生活模式，最後卻可能變得愈來愈困惑。人際關係出現困境，自由自在的生活不見了，帳單高高疊起……或者當你環顧身旁各種代表成功的象徵物，你納悶著，為什麼這些東西並未使你更快樂。坊間流行的快樂方程式最後竟變成乏味的菜單——這還算是最好的情況，最糟的狀況是變成一連串的苦難；心中描畫的美夢竟變成噩夢。

人們總是喜歡想像自己過著有創意的生活，但事實卻是，人人在年紀輕輕的時候就喪失了冒險的精神和熱忱，只圖迎合社會文化的期待，讓這些東西引導自己該如何思想、如何感覺、如何行動。我們被教導接受一種文化的夢魘，這夢魘鼓勵冷漠而非勇氣，提倡從眾而非獨創性。我們感覺不到一絲的滿足和意義，卻又不敢承認眼前的方法根本不奏效。只要想到打破現狀的代價就害怕不已，因而只得待在原地，深怕變動。

這就是多年前我在舊金山州立大學任教時所面臨的景況。那時我是系上最年輕的教授，擁有自己的生物自制實驗室。有一天，彷彿靈光乍現，我想到了自己在顯微鏡下的追逐很可能是個錯誤的方向，每天為了了解人類的心理而觀察腦組織，鑽研得愈細微，愈覺得迷惑。或許我該轉而從大的方向著手，試試看轉換一個典範來研究，在這個典範裡，時間空間的規則，與我長久以來接受的觀念和訓練是大不相同的。就在那時，一個微弱的聲音在耳際響起，似乎在叫我離開實驗室，旅行至亞馬遜，探討當地薩滿倚賴人類心靈的力量，創造「身心健全」狀態的傳統。

所有的朋友都認為我瘋了，竟要斷送大好的前程，跑到森林去探險。唯一高興見我離去的是教務長，他認為所有有關人類意識的研究都是在浪費時間和金錢。我記得當時的我感到多麼慚愧、家人對我多麼失望，我竟要離開大學裡這樣一個「值得敬重」的工作，跑去探險（即便在多年以後，我已經四十多歲，在世界各地的大學裡演講，也著作了好幾本書，我的母親還問我何時才能在大學裡「找到一份真正的工作」——一份她認為聽起來名聲較響亮的職位，起碼與我現在做的事相較起來）。

回想年輕時期，每每因為自己與他人的不同而感到害羞、渾身不自在，因而把羞愧的情緒投射在每一個人身上，共同採納並接受了集體的無力感和恐懼。對於那些思想、感受、行為與多數人不同者，我們疑心、猜忌，同時心裡還隱含對他的嫉妒。陷在這樣的噩夢裡，於是停止冒險，培養出一種嘲諷的態度。對他人的信任消蝕，並且堅持向外尋求自我的認同，拒絕任何人的協助。

人們喜歡相信自己過得有創意、走在時代尖端且不流俗，最後的反叛卻仍舊逃不開世俗。譬如以炫目的紅色跑車代替顏色素樸的車種，穿著夏威夷花襯衫來代替西裝。不幸的是，這種具有「創意」的舉動不過是空洞的符號，人生也已變成對電視劇的拙劣模仿，人們在其中扮演刻板的角色，演出陳舊老套的劇本。

欠缺創造力和勇氣是我們這場集體噩夢的標誌。由於每個人內心對安全感的基本渴求，我們期望相信明天會與今天相同，以滿足內心的舒適感。事實上，心理學家馬斯洛（Maslow）曾經畫出一張人類需求階層圖，他發現男人和女人對安全感的需求大過對愛的渴求。由於改變會迫使人面對未知、面臨不熟悉的局勢，因而人們總是盡可能避免。在踏出門之前，往往需要再三充分的保證，以確保自己不會經驗到不愉快、不舒適，而且眼前的道路必須時時刻刻清晰，以引導自己直接到達目的地。只要有任何不確定性，便足以讓我們關起門來。緊抓住熟悉感可以減輕痛苦——就算人們平常老愛抱怨一成不變是多麼可怕且無趣。

願意承認自己所做的事並未製造出想要的結果，是亟需勇氣的。當我還在大學實驗室工作時，我大可以繼續獲得研究贊助，研究那些不具什麼意義的題目。我曾經嘗試說服自己，只要能夠持續獲得某些名聲卓著的基金會的贊助，便是做了有意義的事。

一旦我決定到亞馬遜旅行，沒有一個贊助我的機構願意支持我的計畫，唯一支持我的同事是我的教授克利普納（Dr. Stanley Krippner）博士。自從洞悉過去是在自我欺騙、不斷拿大學職位的重要性來向自己催眠之後，我就得拋開慣性的反應模式，停止期望自己只要夠努力，就能找到一種工作的方式，不但是有意義而且還能保有大學職位的榮耀。

無論我們對於重新創造有多少熱忱，除非你能先大膽拋開心中願望式的夢想，否則你只會一次又一次以不同的形式製造相同的噩夢。你以為自己重生，結果卻發現，自己不過像神話裡薛西佛斯滾石上山一樣，哪裡也到不了。即便前夫已經離開生活圈，新的伴侶依舊使人憤怒。又譬如終於找到一份新工作，豈知新工作卻充斥著辦公室角力。難怪我們總覺得有種沈沈的無力感！我們期望世界和平，或至少生活裡充滿平和，但是在與前任的情人或現任的同事談話時，卻擺脫不掉針鋒相對的尷尬時刻。

你絕對可以停止徒勞無功的努力、跳脫無法自拔的墜落感，但要達成這個目的，得做出一個根本的改變，也就是改變覺察現實的方式。沒有一種自我成長的課程可以幫助你做到這一點，而且單單了解該怎麼做也是不夠的。你必須找回勇敢夢想的力量，透過對無限的覺察，意識到自我所經歷的旅程。只有在那個時候，你才能輕鬆自然地擺脫恐懼——那從前不斷拉扯著你、陷你於重重噩夢的心理障礙。

構築有意義的人生

雖然人們從小就接受，用物質來創造安全感以使自己活得幸福的觀念，但那些依循這套標準而確實坐擁財富的人，卻往往震驚於自己累積的「戰利品」是多麼空洞乏味。我有一些案主就是億萬富翁，擁有令人稱羨的財富，但卻感覺不到任何意義和快樂。他們所能想到的就是，萬一有一天我失去了所有的東西，會是多麼可怕的事，這是他們來找我的第一個理由。他們想要擺脫社會加諸在他們身上的詛咒；這詛咒是，他要不斷的獲得、積聚。然而此刻他們卻想探索一下，如何過一個豐富而有意義的人生。

其他尚未達成目標的案主，則傾向於把心思放在未來，他們說：「我要改變我的人生，讓這個世界變得更好，但這要等到孩子長大以後、做好退休計畫，或找到一份壓力輕一點的工作之後。」他們在等待，等所有障礙清除之後，才得以往前一躍，抓住機會、改變人生。但此時此刻，仍置身於集體的噩夢之中，一個毫無靈感、欠缺獨創性的噩夢，在其中彷彿就要慢慢窒息而死。

我們之中有許多人就像在水中待煮的青蛙一樣。在這個古老的寓言裡，小動物感覺到水變得愈來愈溫暖，但牠不會對自己說：「我得趁水還沒過熱之前趕緊跳出去。」只是不斷適應水溫的升高，最後可憐的小東西只得活活被燙死。此刻，圍繞我們四周的水正要慢慢沸騰起來——我們必須停止寄望局勢有一天會好轉，而應該即刻向外跳脫。

人往往會在恐慌之中，急忙找尋最快且最不費力的解決辦法，同時還說服自己已經發現了邁向幸福的捷徑。譬如幫孩子找到一所新學校，以為這樣就可以一次解決在舊校所遭遇的一切問題，結果卻發現，他和以前一樣不快樂。

在某一集體層次上，我們總是一遍又一遍找到同類型的解答：過去幾年，厄瓜多已經失去將近百分之四十的雨林面積，原因就在於過度鑽探原油，以餵哺美國對石化燃料貪得無厭的需求。結果只夠供應美國人兩個禮拜的需要。顯然，快速的解決辦法往往得付出昂貴的代價，痛苦又徒勞無功。而且這個舉措又把人置於待煮青蛙的境地——我們仍舊面臨有限石化燃料的困境，一切經濟皆倚賴它，全球暖化也仰仗它。

為何人們總是倉促尋找快速的辦法，而不願意拿出勇氣來好好構想新的方式。理由之一是，我們誤以為勇氣需要做出犧牲。然而，真正的怯懦才需要最大的犧牲；犧牲信念、原則、夢想和希望。因為恐慌而嘗試用物質來製造安全感，永遠無法長久，而且代價高昂。放棄我們最珍視的東西，比起放棄社會的期待和個人物質的滿足，會導致更深重的苦難。棄絕快速的方法、學習用勇氣來築夢，會帶來令所有人驚奇的改變。

靈魂的勇氣

「勇氣」（courage）這個詞源自拉丁文「cor」，意指心或靈魂。靈魂的勇氣是超越單純的匹夫之勇的。當一個人表現出勇敢的行為，僅僅是為了生存的需要而冒險。戰爭中的英雄無視敵軍人數眾多而奮戰到底，的確令人欽佩，但他們是迫於生存而戰。有了靈魂的勇氣，人所在意的不僅是自我的生存和安全感，事實上，這樣的勇氣會驅使人把自身的安逸、安全甚至性命拋出去，依照心中最深的信念來行動。靈魂的勇氣來自於至高之處，是人們創造夢想最亟需的元素。

你的夢想可能是有關於創造和平、到遠方探險、為人父母、作育英才、提供照護或療癒。雖然夢想不見得是言語的形式，但卻充滿了遠景、直覺和感受（像極了睡眠中的夢境），而且可以用言語來加以描述。下面就是一些例子：「我想要讓生活多些味道，享受孩子成長的樂趣，工作時專心工作，在家時也能全心全意專注於家人身上。」或者「我希望冒險式的生活，探索各種可能性，傾聽自己的心。」或者「我想要對這個世界的改變貢獻一點力量，順著大靈所指引的方向。」不同於渴望、希望或明確的目標，這些陳述可以在任何時刻實現出來，只要你把它放在心中，然後便能輕鬆自然地依著夢想的指示行動，探觸到勇氣的巨大力量。

當你正勇敢構築夢想，會經驗到一種高層次的意識，這意識不是山上僧侶所體驗的無上喜樂，也不是為了生存而奮鬥時內心的狀態。你只是專注於此刻的經驗，不會分神想著過去和未來。譬如，當你正打包一袋回收資源、準備丟入回收筒時，你也同時意識到自己正參與照顧地球的工作。如果你正排隊等著領取駕照，那表示你的心裡對於官僚體制並未有任何抱怨。

靈魂的勇氣能促使人擺脫氣量狹窄的情緒，以大格局來生活；言出則必定事實，而且勇於打破規則，即便這麼做可能使自己感到困窘與不自在。這份勇氣使人在小事情上也能展現個人的立場和態度，而不必等到那足以大顯身手的機會才證明自己的勇氣，那個剎那正如「羅莎・帕克斯的偉大時刻」。

事實上，羅莎・帕克斯（Rosa Parks）自己並未曾想過要等待那次機會的到來。一九五五年的那一天，她在阿拉巴馬州蒙哥馬利的一輛公車上拒絕讓座給一名白人，然而在這之前她早就參與了人權運動多年，曾經擔任「有色人種發展協會」（NAACP）的祕書，而且是該機構地方分社的青年領袖。她以前也曾經當著公車司機的面抗議各種不公，只是從未因此被逮捕。她早就依據自己的價值觀過日子，並且也鼓勵、支持他人這麼做。那天在公車上，她打破規則不讓座給白人，並不是因為那天她特別累，也不是她突然發現了深埋已久的勇氣，直到那神奇的一刻被引發出來——她只是一直都如此，勇於作自己，依著心中最深的信仰和價值來生活。所以當她需要勇氣時，她就有了勇氣，出於正義而外顯於行動。這舉措不需耗費龐大的氣力或意志力，那只不過是她向來的習慣。

直到帕克斯過世那天，她還一直堅稱，自己對於被各界指為是蒙哥馬利市公車抵制運動的發起人，感到非常不自在。她明白，就算換作他人做這件事，也是輕而易舉的，只要那人和她一樣，以勇氣和正直的心過生活，那麼碰到相同的局面時，他也一定會出現同樣的反應。然而這個故事已經被重寫成一個勇於破除舊規的人，在一個關鍵時刻碰觸到內心埋藏已久的勇氣，因而發起了風行草偃的革命——好像真正的故事還不足以激勵人心似的。

想要等待個人關鍵時刻的到來，反而會讓人疲軟無力，因為等待會使人培養不出在小事情上展現勇氣的習慣。就如帕克斯女士，你可以養成勇敢築夢的習慣，選擇在此刻創造更美好的現實，而不是枯等你的人生變得美好。本書所敘述的主題和練習，可以幫助你探觸到內在行動的力量，淨化這條人生之河中的雜質，也會協助你不再讓同樣的受害者故事一再上演。

你可以決定冒險、犧牲一點享受，而不要否定心中最深的信念。你可以誠實面對自己和他人，排除恐懼、勇敢去愛，療癒自己和與伴侶的關係。別再躲避一項痛苦的事實，這事實是，你不一定每一次都能達到自己設定的理想。不妨嘲笑自己，在每一個時刻和局勢裡找到其中可喜之處，自己就成為那個你希望看見的東西。於是你便能達成這個目標，準備好隨時赴死——這是一種態度，可以讓你不再害怕，而且反過來盡情欣賞生命之美，珍惜你所擁有的有限時間。

只要跳脫噩夢，就可以開始築夢的過程，漸漸地，你會看到身旁的局勢已經起了變化，可見得宇宙已經慢慢反映出在你身上的改變。然而你不再需要做出赫丘力士式的努力來創造人生的幸福與滿足，只要對每一個展現勇氣的機會點點頭。當你發現自己正要編織謊言來護衛私我，又開始起草一個受害者故事，或在公車上放棄一個讓坐的機會，心裡面想：「或許下次吧?!」時，你必須喚醒築夢的力量，讓靈魂的勇氣進駐。

築夢的時候，其效果並不總是立即在現實生活中顯現，當你決定要拒絕文化、家庭、鄰人、宗教信仰加諸於你的不合理期待；拋開心裡覺得必須被接納、喜歡、景仰的需求；同時坦承內心覺得不安全、不夠了不起……這時最明顯的變化應該是在你的心裡。在你決定選擇用不同的方式看待生活，並且為自己創造不同類型的人生的那一刻，你便已擷取了來自靈魂的勇氣，而一旦這麼做，與你相關的環境和局勢就會開始轉化。

沒有一個人能時時刻刻保持在洞察的狀態，能夠脫下鞋子，用自己的雙腳實實在在去感覺，明白自己在每一個時刻都能擺脫問題的糾纏，和每一個局勢和平共處。無可避免的，當我們正要開始感覺的那一刻，宇宙會提供我們完美的機會，去了解自我的荒謬與傲慢。因此，我們必須向前踏一步，開始為心目中的世界構築輪廓，積極創造我們想要的生活。首先得認清，生活在噩夢中是一件多麼令人麻木的事，而且此一噩夢竟是自己所編造出來，甚且人類還共同編造了集體的文化夢魘。讓我們翻至下一頁，現在就開始吧！

「大巴掌一記」

(之配)

Courageous Dreaming

第一部

從噩夢到築夢

2009

80歲

迎日寓所

詩篇

老人第一个家

(郭[illegible]之) 詩篇

實用出路

(林木同志 [illegible]記 [illegible])

2005 晚山

伏藝山 —— 一詩集

世今也代以同連帶

(再起生)

(請之一筆?!)

大詩

[illegible] 下

[illegible] [illegible]

全文

第一章
逃出夢魘

Courageous
Dreaming

我篤信坦誠看待現實之後，又否定它。

——蓋瑞森・凱勒（Garrison Keillor）

十五歲那一年，我深深迷戀上一個女孩，她和我同屬一個游泳隊。我覺得羅絲是我所遇見過的女孩當中，最漂亮的一個，每一次只要她同我在游泳池練習，我的心就會因為這股迷戀而痛苦不堪。我實在過於靦腆，根本開不了口說出心中對她的感覺，縱使經常在她身旁游著，感覺到我跟她之間那一波波泛起的漣漪，帶著一股莫名的興奮撞擊著我。

當我們並肩游著，當中只隔著水道分隔線，我的想像力就開始不由自主地馳騁。我彷彿看到我們倆立下海誓山盟，我雙膝跪下，求她嫁給我，彷彿看到她眼裡閃爍著喜悅的淚光。我想像著自己從外面工作回來，走進山丘上的小屋時，她嘴角上的微笑，小孩們嬉笑著跑過來，張開手臂歡迎我回家。

這一場美麗的幻夢徹徹底底將我占據，然而對於羅絲和我，這夢從來沒實現過。隊上另一個遠比我自信的男孩追求了她，最後還結了婚。我把這份迷戀隱藏在心底，兩人各自慢慢走向不同的人生道路。最後，我娶了另一個女人，並且假想人生就此開啟新頁，依照我腦海裡如同電影情節般上演的故事，這個女人將取代羅絲，成為我的賢妻和孩子的媽。

令我大感訝異的是，我後來發現，一直以來自己所夢想的婚姻竟然變成一場噩夢。我的妻子對於她的丈夫專責工作、她則專職養育小孩這件事有所不滿，而且當時我的工作也出現了嚴重瓶頸。那山丘小屋的畫面最後證明是一間頹圮的公寓，位在舊金山市區一處嘈雜且危險的區域。我覺得非常無力，感覺深陷其中，毫無出路；我愈是想努力扭轉人生局面，朝原先設定的目標前進，愈是陷入苦境。經過了許多年並且婚姻也失敗之後，我方才明瞭，自己是活在一場由我個人的成長背景、社區和家庭所交織成的噩夢裡。我從未質疑過它的價值，也未想像過自己其實有能力為自己創造出不一樣的風景。

我相信，許多人也面臨和我過去一樣的局面，雖然他們自己可能不知道。你或許就是他們其中之一，不明所以被一股力量驅迫著進入一種線性發展之中，這個線性發展就是學校、婚姻、工作、為人父母、步入中年。人人不知不覺踏入這個循環，卻未質疑過這一條路是不是適合你，而你的目標和願望又是什麼。在你意識的某個角落裡，一個微弱的聲音悄悄出現，「生命一定還有比這更豐富的」，然而你卻害怕承認自己聽到這個聲音。你缺乏勇氣承認自己是這場噩夢的共謀者，這夢並不使你感覺到有力量，也不會讓你感覺幸福，你只是選擇去逃避，避免想到那些不愉快的事。你繼續拖著沈重的步伐往前走。

為了澆熄心中那一股對於追求意義的渴望，並且協助自我逃脫噩夢的糾纏，我們時常尋求權力、名聲、影響力、金錢、威權等等，希望藉由這些東西，美夢可以再度成真。我們可能找尋一些快速的方法，行為上只做衝動式反應，遇到困難，就藉酒澆愁，或者利用婚外情來掩飾，或者以滿檔的行程、忙碌的活動來讓自己疲於奔命，如此便可以逃避去思考、去感覺、去做真正的規畫。我們不明白自己有能力從噩夢中醒來，張開眼睛迎向新的一天——我們可以這麼做的，不必更換配偶、小孩，也不必更換工作。

掙脫麻木感

任何時候你都有能力結束這場噩夢，因為每一個人手中早握有這份邁向成功與幸福的食譜，不幸的是，人們鮮少運用它。這使我想起一名最近剛拜訪的友人，他的婚姻已經亮起紅燈，行事曆上密密麻麻的行程幾乎要逼死他。他體態肥胖，明明知道自己需要運動，卻怎麼樣也找不出時間。他的飲食失調，即便明白自己需要調整。最諷刺的是，這位友人的書架上擺著成排有關個人成長自助的書籍……而且，他還是當中許多本書的作者呢！

就在我們有機會坐下來對飲的當頭，他開始對我訴說他的苦難。我對他說：「你為什麼不試一試自己的一些建議呢？」

「我沒有時間，也沒有錢。」他坦承。

這傢伙顯然已陷入麻木的境地，一種對於壓力的慣常反應。他堅信自己是無力的，正因為這種想法而使他躊躇不前，無法採取任何一種改變。麻木所顯現出來的特徵即是沮喪，或者說有經驗的無助，那是一種相信，相信一個人過去所有的經驗，皆只是在證明，任何改變生活的嘗試不過都是徒勞而已。具備這種「有經驗之無助感」的人認為，他們缺乏操控局勢的力量，所以即便自己的生活已是一團爛帳，他還是不會採取一個小小的行動來改變，因為他們認為：「那又能怎麼樣？」

我的朋友儘管有心去關懷、檢視自己的生活，並且承認目前這種方法是行不通的，但對於所有想得到的解決方法，卻卯不起氣力來實行，其實他就只是欠缺行動的勇氣。我把過去叢林薩滿教導我的話拿出來與他分享：你可以達成心中所願，要不然就是苦苦守著那些自己達不到的理由。他一直選擇苦守那些達不到的理由：「我沒有時間，而且也沒有錢。」

當我們不斷對人生中抛向我們的機會潑冷水，就會把自己和周遭的人弄得筋疲力竭。當感受已經麻木，就會不斷製造一長串的理由來解釋自己為何不能行動。那些愛我們、支持我們的人，最後也變得心灰意冷、不再理我們了，因為他們受不了再聽到那些解釋自己無力改變的理由。

麻木正是勇氣的反面，它使得我們變得如此膽怯，以致於不像人，倒像鬼魂般在人生中游盪來游盪去，和所有的目標、熱情都解離了。對於這個世界和自己人生中不如意的事，感到焦急萬分，卻看不出來自己可以做一些改變。我們看不到自己身上改變的勇氣，更不用說去尋找勇氣。

當一個人缺乏勇氣地活著，便為自己製造出一個噩夢，只是很多人並未察覺。人們身處噩夢之中不見得會憤怒、恐懼或沮喪——事實上，他們有時還可能覺得有趣，有時覺得很滿足或快樂，但無可避免的，他一定會經歷到某些時刻，覺得自己處處受到局限、有一種沉重的壓迫感。

這種感覺就像陷入五里濃霧之中，感到全身乏力，好像怎麼樣也跑不快的感覺，如果大聲求救，舌頭也失去作用，或者根本沒有人願意聽，或者那前來協助我們的人，他的心裡面還有他私人的盤算；他們踩過那條人我的界線，闖入我們的私領域裡。一個人一旦麻木，他的想像力就受到阻礙，無法盡情想像自己的人生。他的腦海只能想到自己是如何欠缺時間和金錢，或者就是太胖或太瘦，因而無法改變任何事情，或者乾脆開始幻想有一個人，或有一個事件，可以解救我們脫離自身的悲哀和無力感。

當我們作噩夢時，腦中會突然閃現清醒的片刻，在你驚覺自己正處於可怕的險境時，你突然發現自己睜開眼睛，這時才恍然大悟，原來只是一場噩夢；由於回到現實，確認自己安全無虞，於是慢慢等待方才在夢中的恐懼和無力感逐漸散去。

但是，如果你的噩夢是在睜開眼的清醒生活中發生呢？那一秒中的醒悟並不會把你帶離開那個可怕的場景，那場景很可能是你的伴侶對你說：「我不再愛你了。」或者醫生告訴你：「很抱歉，你得的是癌症。」你的苦難是那麼真實，你看不到前方有任何一條路可以讓你逃到另一個更安全的現實中。

正如同睡覺時的情景，在你醒覺自己的生活如同噩夢般糟糕時，就在這一刻，你便有了機會去改變它。然而有一件事非常重要，那就是認清：意志力和不屈不撓的信念，並不足以改變一個人當下的物質條件，如果事情真有那麼容易，那麼似乎只要強化個人的決心和意念來贏得一次大樂透，事情就可以迎刃而解。

童話故事般的幻想也是不能奏效的，因為那需要的是在一個受傷的情境之下構築，結果到最後，很可能是王子並未出現，或者在第三次親吻之後，王子又變回了青蛙。但是如果你在心中期許一個新的人生方式，那麼外在的事件便會慢慢跟隨心中的期許來聚合靠攏。

這種情形可能發生得很緩慢，然而你也可能對人事物的變遷竟可以發展得如此快速，感到非常訝異。此外，只要能勇敢地構築夢想，或者說採取一種與內在心靈對平靜、意義、幸福之追求同步的生活方式，你會發現，心靈漸漸感受到喜悅、滿足；不論外在現實持續上演什麼事件，你都不再感覺受困。

個人的能量印記

每個人一出生，就扛著兩綹沈重的行李，走到哪兒都帶著。這兩綹行李，一綹是心理包袱，一綹是基因包袱。這兩綹隨身攜帶的遺產，對於個人噩夢的腳本有著巨大的貢獻。心理議題多少織進了我們所訴說的故事裡，這些故事就是我們斜躺在治療師前的沙發上絮絮叨叨的事：母親的過分要求，使得我們自尊心受損，所以從來都對自己沒有信心，在關係中總是不誠實，或者對目標的追求總是無法堅持到底。

這些故事不斷衝擊、影響到我們的發光能量場（luminous energy field；LEF）。發光能量場是圍繞在我們身體四周的發光膜，彷彿是人的第二層皮膚。事實上，薩滿多半把這些故事視為因果業障的議題，他們從每個人身上的發光能量場上看到它的存在，能量場中的暗影就是這些故事的印記。

能量場會影響及安排身體的組成方式，其道理就如同一塊磁鐵會影響玻璃上的鐵屑排列一樣。無論如何，發光能量場也會影響個人的思考、感受、行為，這些繼而影響到日後他會被什麼樣的人吸引、與誰約會、結婚等等。究其根本而言，正是發光能量場中所貯存的訊息（如同密碼一般），預先設定好一個人未來的各種傾向，包括他找尋的工作類別、老闆的性格，還有他與伴侶之間關係的主題等等。

發光能量場是你可以用來構築夢想的工具，這個能量場由光和各種振動組成，它怎麼振動，你就在現實中創造出什麼。你對於母親的無法原諒，會在能量場上烙下一個印記，當這副軀體死亡之後，這印記依然存在，因而被你繼續帶往下一世。

這個傷口會把你帶向那一對你即將透過他們出生的父母，以便在這一次的家庭中再度體現上一次（上輩子）的情景，好讓你有機會療癒此一因果業障。如果你不趁此機會改變態度，仍舊陷在同樣的想法中，認為母親害了我一輩子，或是上帝把我生錯了地方，傷口就持續不癒合，你便只能不停抱怨為何得不到想要的東西，夢魘持續下去。心理學者稱此為「重複性的強制」（The repetition compulsion）。所以，你能夠選擇好好利用機會來使自己康復、療癒，要不然就是繼續困在同樣的噩夢中。

薩滿運用了專門的技巧來療癒因果輪迴的傷口，他們對身體的能量做工，清除發光能量場中的暗黑印記，因為這些印記隱含了引發疾病的訊息。據我了解，DNA如同電腦的硬體，負責製造蛋白質而形成人體結構，而發光能量場就如同軟體，負責提供指示給系統。當我們淨化發光能量場，便不再注定重演父母的疾病，或者拖著舊有的包袱，從這輩子遊走到下輩子。你不再需要拖著那一長串的故事（薩滿透過「光啟療程」清除能量場中的印記，關於這部分，我已在先前的著作《印加能量療法》（*Shaman Healer and Sage*）中詳述）。

發光能量場中的傷口有時也會顯現在身體上，在器官和組織層次上表現出來。它甚至會通知DNA為下一代製造出一個基因特徵。每個人身上都帶著這一組基因，因為它們，我們才容易染患某些特定的疾病，如果碰巧此人又過著一種與舊有傷口互相呼應的生活方式的話，身體便免不了染患這些疾病。舉例來說，如果一個人身上帶有第二型糖尿病的基因，而他又持續家族的傳統，喜歡在飲食中多食糖類和脂肪類食物，藉此滿足自我，那麼糖尿病的顯現便是遲早的事。

我認識一個人，他和父親一樣喜歡抽菸、喝酒，而且當衝刺事業的大好機會溜走的時候，他們選擇壓抑心中的憤懣，結果他的父親在五十九歲時，因為心臟病撒手人寰。而這個兒子到了五十九歲時，也被診斷出患有冠心病，只不過因為動了繞道手術才得以倖免於難。固然心臟病的基因是從父親傳給兒子，但心理特徵和因果業力的傷口也未嘗不是如此，包括抽菸喝酒的習慣、情緒的壓抑等等，都是造成這場噩夢的信念「我的機會溜走了」的一部分。

並非所有疾病都是因果傷口導致的結果，有些確實是受到環境毒素的影響，或者與個人生活型態的選擇有關，而與遺傳完全不相干。但不論基因方面的傳承是什麼，我們都可以事先防範，以避免它製造疾病，或招致其他形式的噩夢。只要透過對自我發光能量場的治療，便能夠達成這個目的。治療的方式包括了實踐真理、淨化個人生命的河流、準備好在任何一刻死去、為一個更美好的願景設定場景等等。

集體意識的夢魘

除了個人的噩夢之外，我們還集體處在一個物質主義和順從的夢魘裡。美國夢曾經是每一個人心目中充滿機會和自由的理想境界，它以各種方式被呈現出來。音樂史上那些藍調、爵士、搖滾樂的創始人，其實沒有一個擺脫得了財務的困頓，更遑論選擇不同顏色iPod的自由，或其他廣告商提供給我們的所謂自由。但他們確實擁有自由，才能夠創作出大膽、創新、前所未有的音樂。不幸的是，曾經透過努力和決心來獲得成就的崇高目標，如今卻淪落集體陷入只會製造平庸產品的文化夢魘。

打從孩童時期，每個人心裡就被填塞各種各樣的期待，大部分的人不會質疑，直到有一天我們突然醒覺，發現這些方法根本行不通。儘管過去五十年，我們經歷過文明的各種社會改變，但我們發現很容易接受別人所提供的現成價值觀，譬如有關我們該如何過生活、該如何衡量價值和幸福等等。

當我們贊同了集體夢魘，就等於說服自己，只要努力工作找到一份較佳的差事、較舒適一點的房子、更寬敞的車子、一個長相更好看的伴侶，就可以免於受苦。也就是，我們以能夠取得多大程度的物質滿足感來評斷自己的幸福。如果一個人從無殼蝸牛到買第一間房子，到最後買得起一座大別墅，並且在三十五歲以前達成這一切，那就表示這個人飛黃騰達、生活得非常愜意了。他一定對自己的成就感到非常自豪，畢竟那是這個時代每個人的夢想。

我們從不允許自己去細想，是否長久以來內心裡不斷說服自己去相信的某一種生活類型，的確會讓自己快樂又滿足；更不會去想像，是不是有一種完全迥異於四周人的生活型態反而更適合我們。如果趨使我們向前行進的動力消失了，譬如配偶離去、工作不稱心、健康亮起紅燈等等，把原本標誌幸福、財富的一切奪走了，我們便感覺自己徹底失敗。現代人大都喜歡拿工作的成就或是生產力來衡量自我的成長，似乎很少人會拿心理、情感和心靈上的成熟，或者把學習、發現、提升自我的樂趣當作指標，從這個角度看待自我。

我們時常被教導一件事，就是在思考問題時，儘量從各種角度來檢視，此舉可以幫助我們改變制式化的習慣，創造更為滿意的生活。然而就算這麼做，我們還是可能受困於夢魘之中，原因就是：在做的時候想太多，也做太多。當佛洛伊德向世人引介心理分析方法後一百年，我們已經建構出一套共通的詞彙和觀念，心理治療師以此不斷鼓勵人們說出心中的煩惱，不論這些煩惱是大是小，是迫切還是微不足道。沒錯，這個方法的確讓人們變得比以前更為自覺，但此一談話治療的方式，卻未真正解救我們脫離恐懼……也沒有告訴我們如何找到生活的勇氣。

問題在於，人們的心思過度專注在問題上了！我們把所有的能量都放在思考問題、擔憂問題、嘗試解決煩惱上。其實我們要做的應該是，提升察覺力到一個更高的層次，如此才能夠接引出內在的勇氣，而且讓自己想像一個不被各種問題圍攻的世界——並且很實際地將它化為現實。當我們從意識的更高層次上去想像，所看到、覺察到的不再是問題，而是覺察到整體的局勢，那局勢不好也不壞；它們只是局勢。這麼做的同時，你就會看到在每一局勢裡都藏有機會；只要改變意識的層次，你就能夠看到。

在心智思考上面打轉（我稱其為美洲豹的層次），使我們不停把焦點放在克服障礙之上，以便在物質世界裡創造安全感。我們以為財務上的斬獲會保障自身免受傷害，才不至於沒有飯吃、沒有房子住，甚至淪落為靠他人解決生活需要的地步。不幸的是，這種夢是無法持續的，即便你打造一個金雞蛋，也無法一輩子仰賴它；在你罹患絕症或意外失去親人時，它更無法保護你。事實上，如果每一個人都認為自己應當達到某種物質上的優渥，想想看，那對全球環境而言會是一場多麼可怕的災難。

我們也把社會的進步看成是安全的一種形式，所以我們渴望被愛和被尊敬。事實上，現代人時常會夢想出名，因為他們錯誤地以為，這會幫助他們獲得永久不變的愛和尊敬。然而，獲得他人欽慕的代價很可能是非常高的，物質世界的追求提供不了什麼樣的保證，無論你如何願意相信它的另一面是真的。

有了發自心靈深處的勇氣，我們不會以擁有豪宅、寬敞的轎車、遠播的名聲或社會地位來定義自己，但是卻仍然可能享有這些附加的身外之物。讓我們想像原野中的百合，它既不辛苦也不費力，卻仍兀自容光煥發、美麗豐盈。每一個人的確在物質世界中逕自滿足個人的需要，並且獲得了某種程度上的舒適，但大部分時間，我們仍然在乎自我的靈魂，渴望自我的天賦得到發展的機會，為世界有所貢獻。

在真誠靈魂的驅使下，我們積極夢想一個自己所期望生活的世界，每個人的夢不再單純只是努力的目標，卻慢慢變成一種生活方式。它們不再根植於對物質缺乏的恐懼，而是根植於內在的愛和豐富。雖然這些夢想主要為個人的需要來服務，卻也同時是對這個世界有所貢獻。這些夢想是神聖的——鮮活、具豐沛的創造力、能為個人注入熱情和行動的勇氣。

消費主義式的夢想

不同於神聖的夢想，人們為自己設定的目標似乎不夠有創意。即便我們總是非常努力地想辦法營造快樂的生活，但是卻不常有足夠的勇氣和創意去醞釀一個本質上非常不同的生活方式。多數人仍舊不會質疑從小就被灌輸的社會期待，反而只是謹守一個「平庸」的噩夢，也可說是一個「從眾」的大眾文化，這種文化透過各式媒體散播開來，表面上崇尚與眾不同、多樣化和創新，實際上卻是終極提倡對物質的擁有和安全感。我們非常害怕自己突出於這個模子之外，做出與他人迥異的事。

這並不是說我們不希望自己出類拔萃，作者蓋瑞森・凱勒在他非常有趣的比喻沃畢岡湖（**Lake Wobegon**，一個杜撰的小鎮，位於明尼蘇達州）之中，提到在那裡的「每一個小孩都資質優異」。當然，每一個人都才能出眾是不可能的，我們無法改變統計學的原則和鐘狀曲線：那最胖的部分總是落在中間，也就是多數人所在的位置，而非那最聰明、最有成就的一端。就算我們把整個鐘狀曲線往右邊移動，讓每一個人都變得更聰明一點、更有創造力或生產力（或其他任何多數人所羨慕的特質），也還是滿足不了我們對於與眾不同的內在渴求。

我們希望相信，「我」就是這麼幸運，恰巧落在鐘狀曲線的右邊，被歸為比一般更為優秀的一類。正是這樣的心理，導致過去幾十年來學校性向測驗幾度無法舉辦。那些準備上大學的青少年似乎比過去表現得更好，因為他們的測驗成績相當亮眼，然而教授們有一點倒是清楚，我們身為人類文化的一份子，當然樂於相信我們的孩子愈來愈聰明這樣的假保證。

只要心中開始升起對自我獨特性的懷疑，面對外界排山倒海而來的各式廣告訊息，我們的脆弱便表露無遺。如果我們感覺到自己跟隔壁那個傢伙愈來愈沒什麼不同，這時我們就被告知，有一個非常快速而簡便的解決方法，可以讓你馬上變得與眾不同。就是這樣東西，只要你擁有它，就能彰顯你的獨特，表現出你個人的獨特品味和風格。於是我們掏出信用卡，準備取得那代表個人創意、重要地位和獨特性的假符號。

我一直都對汽車廣告感到迷惑不已。汽車嘛，不過就是一輛大機器，一邊狂耗石化燃料，一邊將我們從甲地帶往乙地，如此而已。但是在廣告裡，它們搖身變成具有魔法的神奇工具，可以把人們帶往一個神奇的世界。在那裡，各顯魅力的人都來到你身邊，當我們駕車駛過森林，樹木在輕風中搖擺（即便在現實狀況下，汽車廢氣簡直要它們窒息），代表著年輕奔放的搖滾樂在耳畔吶喊，振奮我們的心。就如其中一則廣告所保證的：「這可不是你父親的奧斯摩比。」我們可以用本年度最拉風、最炫的汽車來對個人風格做這樣的陳述。

然而，如果你有任何真正原始的創造力，你可能根本就不開車了。在荷蘭，百分之四十的人口都騎腳踏車上班，但對美國人來說，腳踏車只是小孩子的玩意兒，或者只適合休閒時做做運動。我們嚮往「大」的交通工具，並且用盡一切力量來擁抱這種嚮往，不管它的代價如何。只是「想一想」不同的交通工具都不可能。

同樣的，我們已經說服自己，想要為人生創造意義和歡樂，唯有辛苦工作和不斷競爭，而這一切努力的成果就顯現在家中各個展示櫥櫃、衣櫃、閣樓、車庫裡。

在美國，消費主義已經變成現代版的鴉片，或者說是更新形式的鴉片。為了掩飾自我心中的消極思想，廣告商和媒體非常技巧地重新包裝消費主義。我們不僅僅是買東西而已，我們買的是限量版的蒐藏。然而如果十元廉價商店的櫃子上也擺放了限量版娃娃，那麼我們的寶貝蒐藏還真是稀奇又值得啊！

我們買物品也不只是要在生活水準上不落人後而已，而是要彰顯個人無可匹敵的品味，以及走在時代尖端的絕佳風範，我們因為知曉某一最新網站或最新的法寶而自豪。我們不喜歡老式的電視廣告和印刷品，只喜歡小版面、經過特別篩選而出現在自己設計之網站首頁的廣告。我們喜歡廣告，喜歡知道可以買些什麼。最近，尼爾森公司進行了一項有關電視錄影的研究調查，發現多數人是倒帶回頭去看那些廣告，而不是快轉去避開廣告。廣告主的擔憂顯然是不必要的。

我們喜歡相信，這不是我父親那一代的消費主義，但它正是；它與過去一樣空洞、一樣令人無法滿足。

＊　＊　＊

一旦陷入這種噩夢無法動彈，便不知道該如何做，也不知如何在沒有他人認可的情形下，享有人生的意義。母親總是覺得自己該十全十美，父親總是認為自己該做到他自己的父親所做不到的每一件事，年輕人則覺得自己一定要在第十次高中同學會以前，讓自己生活的每一方面都步上軌道。我們認為只要有理想的聲譽，就能保證這些關心我們的人永遠不會離我們而去，並且景仰我們。

從自身以外的地方去尋求認可，似乎不怎麼有效，即便我們最忠實的仰慕者和支持者也不一定總是在那裡，更或許他們暗自在心中吃醋，默默盤算著破壞或背叛的行動；此外，他們還可能在我們最終找到勇氣過一個全新的生活時，選擇反對的立場。當我們的生活變得更為平衡而健全，會有更多足以反映這種平衡和健康的人受到我們吸引，反之，更多假的友誼會離我們而去。無論如何，只要我們依舊攀附這個噩夢，那些所謂的支持者，就會一直期待我們緊抓住既有的社會地位，儘量別去夢想一個與眾不同的生活。

此時此刻正是從噩夢中醒覺的時候，拋開在眾人形塑的模子下追逐成功的方式，轉而創造一個更有創造力的願景。

自我實現的預言

愈是認不清自我在眾人共構的現實中的角色，愈拋不開這場個人及文化的夢魘，個人潛意識的想法（通常根植於恐懼而非勇氣），將製造出自我實現的預言。

一九六〇年代，兩名社會研究學者羅伯・羅森撒（Robert Rosenthal）及雷諾・傑克柏森（Lenore Jacobson）在舊金山一所公立小學做了一項實驗。學校管理階層答應讓學童們參加一場特別的智力測驗，然後，研究者告知所有的老師，這一次的測驗不僅可以測出學生的智商，還可以預測出哪幾名學童未來將在智力上獲得長足的進展。

事實上，這個測驗根本沒有這種功能，研究者只是隨機選了其中幾個學生的名字，然後告訴老師，這些就是未來將大放異彩的學生。一年後，所有的學童又參加第二次的智力測驗，那些被認為非常有潛力的學生，其測驗成績遠超出同儕們的表現。事實上，老師們宣稱，這些學童較其他人而言，閱讀能力較佳，行為表現也較好，更能投入學校活動，具備智力探索的好奇心，甚至比其他同學更具備社交能力。老師們已在潛意識中假設這些所謂優異學童的表現，而他們的期待變成了一個自我實現的預言。

如同這些學生，多數人都被鎖在這種由父母和文化期待所構築起來的命運中，不論這命運對我們而言是正面還是負面。經過不算長的時間之後，我們把這些信念內化成自己的一部分，並且逐漸顯現出被期待的形象，不管那是不是真實的自己，而那個結果是不是自己所希望的。有一些人雖然勇敢背叛社會的期待，但仍舊逃不開這鎖鍊的影響，因為他們依然表現不出自我的創造力，只是一味做出與社會期待相違背的事。持續離經叛道的行徑，不過是另一形式的噩夢。

縱使自己對順從文化、父母、社會階級、鄰居的期待，已感到厭煩透了，你可能還是覺得要找到勇氣來對抗他們，實在是困難重重。過不了多久，通常發生在一個人二十多歲的黃金時期，多數人就開始放棄了，心裡慢慢說服自己，他們是對的，我們畢竟沒有那種能耐來達成內心所盼望已久的夢想，是該放開那「孩子式的綺想」的時候了。於是我們開始認真找尋適合我們的配偶，一步步建立起象徵成熟現代人的各種符碼。

很快地，我們又感到沮喪，感到被囚禁，但還是不敢貿然放開這種生活方式，只是暗自希望局勢可以慢慢好轉。我曾經聽過一種對於「精神錯亂」的解釋，它是這麼說的：「又做一遍同樣的事情，然後期待一個不同的結果。」如果這解釋正確，那表示所有人都精神錯亂。

為使自己能夠睜開眼、敞開心來構築遠景，為了能夠勇敢地夢想，共同創造一個新的現實，我們必須卸下文化夢魘所加諸身上的期待，否則，我們必將一遍又一遍顯現那舊的傷口，不斷吸引那些局勢和人物來到我們身邊，挑戰自我去療癒那循環不已的業障。一旦開始醒覺，就能夠構築出真正有創造力的夢想，而不會受到過去失敗經驗的扭曲，而且我們也不再覺得自己必須重新安排生活裡的人物和局面，以便重新調整自我。只有在真正了解，生活中並沒有什麼東西是需要修改的，才能得到真正的自由而有所改變。

以行動構築新現實

構築夢想的祕密在於，我們不能老是把焦點放在找一份新工作、找一部新車，或找一個新伴侶上面。當我們嘗試這麼做，夢想就會產生後座力，迫使我們在五年後再度清醒過來。我們絕對不能只描繪一個小格局的畫面，卻要儘量去揣摩、擘畫一個全新的世界，至於當中的每一個細節，它們自然會有所調整。沒有人可以操控造化，只能啟動行動的力量。若是遠景中的細節並未有所調整，那就表示我們構築的夢想格局還不夠大。

夢想新世界時，你的合作者就是這個宇宙，也就是驅使樹木從一粒種子茁壯長大，以及驅使太空塵形成銀河星系的萬有創造力。這股力量使你從精子與卵子的結合中誕生，祂設計了你的DNA——那神奇的指令，告訴每一個細胞的工作為何，應該成為紅血球來輸送氧氣，還是成為腺體細胞來製造荷爾蒙。你將接引這一股宇宙智慧，它將依據你的福祉來安排世界，以適應、符合你的夢想。

毫無疑問的，人類已經集體創造了一個既混沌又美麗的世界，那正是我們的夢想集體顯現的結果：從修剪得極為整齊的公園，到人口過剩、工業污染；從中國大陸擁擠的街道，到南極冰帽的融化，到中央公園的北極熊。我們所看到的每一件事，都是人類與宇宙共同（卻時常與之作對）創造的結果。人類已根據聖經的記載，託管了植物和動物，自然世界也已回應了我們的選擇，我們的足跡遍布世界各地。

人類以各種美麗和可怕的形式，積極型塑了現代世界，我們還重新安排了自然世界，譬如以鯨魚和蝴蝶來滿足人類的需求，但事實上，這並非人類獨自創造出來的。或者是這樣嗎？一些物理學家已經提出「人擇原理」（anthropic principle），來解釋這種詭異而令人無法置信的巧合，好像這世界一定會出現一種具有智慧的生命。彷彿宇宙早已密謀創造這一齣完美而又高度未必會發生的驅力平衡，最後導致生命的產生（譯注：人擇原理為以人類為中心的宇宙觀，主張宇宙的狀態，包括一切物理常數的數值，都是為人類的存在而設定的）。

篤信神創造宇宙的學者，以上帝編撰了整齣「存在」的戲碼，解釋這種「高度未必性或高度不可能性」，進化論學者則認為，我們應該假設太陽、地球，連同地球上所有繁衍的生物，全都是隨機事件碰撞的結果。身為人類，我們傾向以二元論來觀察、詮釋身邊所有的現象、事件；總是說這一陣營是對的，而另一陣營是錯的，但二元論只不過是我們意圖把現實硬塞進一個簡約小行李的欲望的結果。或許兩個陣營都只看到故事的局部——或許事實是，在那好久好久以前，當一切都是空無，我們的意識作為創造力的一部分，參與了這場名為「宇宙」的輝煌藝術的創作。

意識在實體世界裡以銀河星帶的形式表現出來，而透過各種元素完美地摻雜融合後，導致人類的誕生，這種動物具有思考能力來深思究竟自己如何而來。可能的是，我們同時是創造者和被創造者，我們參與了一場卓越的進化，這進化表現得既富邏輯性又古怪無常。

儘管人類是不是創造了自己，這問題頗為耐人尋味，大多數的人還是比較關心：我們究竟能不能在個人的層次上夢想一個不同的世界。我們可以依照自己的願望打造家庭、生活模式、人生的意義和目的嗎？或者只能任由比我們自身更強大的驅力，來形塑我們的命運？我們只是機器轉輪裡的一個齒，還是能夠完完全全自己做主，來打造、琢磨自我的命運？

似乎所有的證據，都不利於個人對於命運的走向握有最後的決定權，我們被一種幻象所誤導，而落入一個錯誤的印象，以為自己是在駕駛座上，但事實卻是在一條無人掌舵的船上。你是要優雅地接受命運所給與的一切，還是要改變自我的覺察。難道人類已能夠參與宇宙的創造，卻不能夠改變自我的生命一分一毫？

我們有能力主導船的走向，甚至召喚風向改變來協助船的行進，然而這麼做，需要一股平靜的行動勇氣。這該如何做呢？方法是，別僅僅想著為了達到個人目的來轉移風向，而應該著眼於更多數人的利益，同時你還需負起改變之後的所有責任，而不是逃避它的後果。最後也最重要的是，對於自己的願望，我們必須小心謹慎，因為你心裡想什麼，就會創造出什麼。

現實與覺察

人們過生活，多半基於某種程度的信任，相信有一些事是大家都同意的。譬如一塊木頭就是一塊木頭，這是全世界的人都明白的事。我們也辨別得出屬於木頭的特質：具有重量、能浮在水上、乾燥時能夠燃燒等等。根據牛頓學派（解釋自然現象的科學支派）的說法，我們可以預測一塊木頭從高處落下時，其速度會有多快。

這種我們看得到、摸得到、聞得到、嚐得到，甚至掉在地上時聽得到的木頭，當中並不藏著什麼多大的神祕。我們明白並且都同意這項事實，木頭是一種堅硬的物體，擁有許多特質。在多數人尋常的意識層次上，木頭是非常真實的，它很堅硬，沒有人會希望它掉下來，砸到我們的頭頂上。

然而從另一面、從量子理論（從次原子層次解釋宇宙間物體運作的科學支派）來看木頭，有關現實的舊思維就被完全打破了。譬如，同樣的一塊木頭，沒有所謂固定的特質；構成物質的最細小單位是比原子還小的分子，因而一塊木頭，它大部分是空氣，當中充滿了不斷嗡嗡振動的分子。

分子是很微妙的一種小「東西」——如果我們在某個時刻觀察到它的位置（即看到它），便絕對測量不出它的速度；一旦你想測量它的速度，就絕對觀察不到它的位置。然後，就如先前所說，分子一旦被看到的時候，它的特質就改變了；它可能變成具有波的特質，這是能量的最小單位，繼而又變回分子，也就是物質的最小單位。

提出這個在次原子層次上非常迥異的現實之後，我們能不能說人類是堅硬的物體，由空氣組成，當中充滿了嗡嗡振動的分子？或者說人類是能量體，由許許多多的能量波動所組成？可不可以兩者皆是，持續不斷從一種狀態一閃一晃地進入另一種狀態？究竟木頭是不是堅硬的物體，或者只是我們恰巧觀察到它是那個樣？如果我們觀察到它是許多光波的集合、是振動能量的集合，那會怎麼樣呢？

我並不是在暗示各位，藉由改變我們的覺察方式，一塊木頭會神奇地改變它在實體世界的本質（雖然有一些薩滿宣稱他們能這麼做）。如果木頭掉落在頭上，我們會覺得痛，這是在物質層次上的事實。但是在現實的另一個層次上，當木頭擊中我們的時候，另外有一件事正在發生，那就是我們正透過思考、感覺、隱喻來解釋這個經驗；我們的頭腦會自動編寫一則故事，決定這塊木頭在生活中的意義。

我們可能認為，這是樹木上的枯枝因為強風而被吹落，掉到頭上。我們也可能在心中暗罵，真該死，這麼硬的木頭掉下來，害我痛死了，心裡覺得受傷和沮喪。還有人可能認為，這該不會是一記當頭棒喝吧?!意在提醒自己別沈湎於自我的思緒，趕快回到現實，搞不好暴風雨就要來臨，我得趁更大的樹枝掉下來之前趕緊找個避風的地方。這樹枝很可能是個提醒，告訴我們此刻的我有些心不在焉。以上的每一個故事都有可能是真的，總之，對於樹枝掉到頭上這件事，我們有能力去決定詮釋的方式。

大部分時候，我們所面對、處理的現實就跟木頭一樣，那般堅硬、實際。事實可能是，家中尚有年幼的孩子仰賴我們照顧，自己的薪水似乎快負擔不起每月的開支。也可能是，我們經驗到血液中血糖的升降，罹患醫生們所說的糖尿病，如果再不注重飲食、運動、胰島素的濃度，就會導致身體長期的損害。

這些事實在現實世界裡的意義，並不會少於一塊木頭，然而我們所遭遇的事實並不等於自身的故事——它們只是一堆積木，是一些被拼湊在一起的語言，以便當事人編寫出一則則深受貧窮、健康不佳之苦的故事；或者是一個勇士的故事，他克服了重重障礙、解決了難題、保持樂觀的態度、給與孩子充分的愛，最後成功存活的故事。就算個人的處境非常艱難，那也只是在你選擇將它當成你的現實的時候，才會成為夢魘。藉由這些現實，但卻撰寫一個新的故事，你就可以為自己草擬一個完全不同的現實體驗。

「除草人家」

用意字　除除、飄舞
四處，引伸　憂傷……
說個

如「中的日子……」太有智慧
含淚除草，除了

98.1 高雄 (?) 答
「跨越、不要哭
12歲、打電話」

第二章
噩夢的腳本

Courageous Dreaming

我們不以事物的本來面貌來看待它，而是以自己的想法去看待它。

——阿涅絲・尼（Anaïs Nin）

研究者已經發現，人的大腦對個人所經驗的各種遭遇，會本能地創造出一連串的故事，我們如何去談這些遭遇，強烈影響一個人如何看待自己，以及對自身行為的評價。當這些故事不斷重複著主角戰勝逆境的主題，並且我們總將困難描述為出其不意地出現，而一再回想自己如何克服萬難，我們便算是一個身心健全的人，總是能夠對未來抱持希望、樂觀的態度。帶著信心向前邁進，而且願意冒險。

相反地，萬一你的故事老是千篇一律描述雲層裡最黑暗的部分，總是訴說某一事件搗毀了原來的幸福，那麼你就很可能遭遇情緒低落的困境，覺得不快樂、無力、動彈不得。本章節將協助讀者，學會在上述的負面腳本上灑一些光亮，徹底改變那奴役我們許久的故事腳本。

三種原型的陷阱

沒有人一開始就是個悲觀者，事實上，大多數人都曾經相信，自己可以享受迪士尼式的神奇仙境與歡樂，每天有數不完的樂趣，夜晚還能在燦爛煙火下入眠，然而真正的人生卻在不久後開始了。

如果檢視這些自己所敘述的故事，幾乎總是發現，它們根本是某些古老主題的變奏曲，這些古老主題遍布在許許多多的寓言和童話故事裡；直至我們長大成人，每一個都不知不覺掉入故事陷阱中。大體而言，這些故事可以歸納為三大原型，每一種都對人保證永久的歡樂，最終卻都以災難收場。

這三大童話關乎往後人們噩夢的中心主題，它們是：

一、希臘神話麥得斯王（King Midas）的故事，此一故事後來演變成「我享有的永遠不夠」的噩夢。

二、獅子王的故事，後來演變成「我已年華老去，時不我予」的噩夢。

三、灰姑娘的故事，後來演變為「我受傷太深，因而對生命無能為力」的噩夢。

一旦你認出自己正是依照其中一個原型腳本過日子，就能夠下意識地選擇將它撕毀，重新寫一個。但首先，我們必須誠實面對，心中究竟有多少成分是聽信了童話故事所編造的幻想，同意當中可以使我們快樂又滿足的條件。

麥得斯王的黃金指

根據神話的敘述，麥得斯王是一位友善的統治者，當酒神戴奥尼索斯的師父兼摯友賽勒努斯（Silenus）喝得酩酊大醉，睡倒在麥得斯王的玫瑰花園時，他殷勤地招待他。代表酒和歡樂的戴奥尼索斯，想要答謝這位國王對好朋友的熱情款待，於是問麥得斯王他希望獲得什麼禮物（雖然麥得斯王已非常富有）。另一方面，鼎鼎大名的酒神也以神祕傳統的守護者著稱，代表創造力與靈性的最高境界。這時，國王還是選擇了物質上的報酬，而非藝術或靈性層面的禮物。事實上，不管這三種當中的哪一種，戴奥尼索斯都能賜予他。結果，酒神只好勉勉強強地給了這位凡人點物成金的能力——不管這貪婪國王的手指接觸到什麼，那東西就會立刻變成黃金，如此一來，他就會變成世界上最富有的人了。

於是，麥得斯王看見腳底下的玻璃變成了金箔，當他伸手入河水想要掬水而飲時，發現河水竟變成了黃金。這一切太美妙了，直到有一天他開始覺得肚子好餓，才發現自己應當要好好享受一頓晚餐。然而他的嘴唇一碰觸到酒杯中的酒，他立即吐了出來，因為酒已變成了液體的黃金，根本不能喝；而當他觸碰到盤裡的食物時，佳餚珍饈也不能吃了。不用說，他的願望已經變成了一道詛咒，甚至根本沒有人敢靠近他，因為大家都害怕自己會變成黃金雕像。而無論他獲得了多少財富，他注定要挨餓、孤獨、永不滿足。

有關這則神話的其中一個版本提到，當麥得斯王遭受此不幸，而近乎與世隔絕後，過了好幾年，他的女兒請求父親向戴奧尼索斯祈求，希望他能收回這項詛咒。神告訴他，他必須在一條神聖之河中沐浴，將身上的能力還給河水，好使財富能夠肥沃土地。就這樣，他被赦免了點物成金的能力，年老的國王才終於能夠享受到王國美好的一切。

麥得斯王的故事是一道隱喻，譬喻了人對生活的匱乏感。就如那一位貪婪的凡人，我們必須同意，在那樣殘酷的現實底下，絲毫沒有脫逃的機會：沒有任何事，也沒有任何人能夠填補內心的空洞，這空洞起源於心中認為再多的財富都永遠不夠的信念——包括金錢、美貌、年輕、魅力、愛、權勢，或任何其他所擁有的物質。

點石成金的代價

正如這位國王，每一個人在年輕時都被賜予了戴奧尼索斯所象徵的盛宴，擁有享受不盡的歡樂。這位神所代表的享樂面向，促使人在年輕時期或多或少都能達成心中的願望，因此年輕人自由地盡情享樂，恣意揮霍大把青春。接著我們面臨了長大、成熟的需要，再也不能這樣夜夜笙歌，永無止境。那些嘗試轉變的人隨著歡樂派對漸漸走樣，慢慢進入一個衰敗墮落的向下螺旋。這時多數人都會和麥得斯王一樣，做出同樣的選擇——點物成金的能力。我們心中揣摩著如何獲得地位、財富、影響力等等，而神在此刻似乎也回應了我們心中的期待，因為人們開始品嚐到財富和事業上所結的果實。

然而擁有點物成金的能力卻是要付出代價的，那代價便是喪失部分的靈魂，這一部分恰恰是戴奧尼索斯所象徵的另一面——神祕傳統的守護者。我們忘記了他所能賜予的另一種財富：靈性層次上的富足而非物質。因而人們會別過頭去，想都不想去品嚐從事藝術創作的人所體驗到的心靈境界；對於靜思、冥想、祈禱也不感興趣，相反地，許多人還以酒精等等毒物來麻痺感官。

如同神話中所述，我們必須洞悉，自己除了物質以外，尚渴求另一形式的生命元素，否則身邊的親友終將離我們而去，正如神話中人們離開麥得斯國王一樣。我們會發現自己愈來愈孤立，身旁圍繞的不過是那些堆積如山的財物而已。然後到了某一天，我們開始祈求協助，終於發現自己必須運用個人的天賦去灌溉大地。此刻我們方開始尋求對於極大喜悅、活力、創造力和靈性啟發的體驗，並且運用這些天賦來使世界更美好，播下轉變的種子。

無論如何，人若不能依照這樣的方向來行動，就難免會掉進噩夢裡，以為自己只要能獲得愈多的財富、名聲、權力，就會感到心滿意足。當個人無法從至高的神聖處（此源頭將引導我們解除個人的詛咒）來尋求協助，無論手指觸及何物，都將變成泥土。

每一個人都曾經在某些時刻擁有過點物成金的能力，而且還不時期盼可以重拾青春、名聲等等我們自認為可以通往幸福的要素。然而與麥得斯王不同的是，我們一旦發現自己失去了獲得幸福的能力，並沒有任何人能夠解救我們脫離苦海。因而我們苦等著，希望某個人能夠出現前來拯救。當婚姻觸礁或所投資的公司面臨財務困難，我們感到絕望、沮喪、恐慌、憎恨，於是在慌亂中隨便抓住任何漂流過來的浮木，為的是希望快快盼到某一個人或某件事能幫助我們解脫困境。

當一個人害怕自己擁有得不夠多，總嫌時間、金錢、朋友、愛、權力皆不足，他的現實生活等於是一場名為「欠缺」的噩夢。許多人每天逛街購物，不是因為必須，而是因為相信如果買到「什麼」，心裡就覺得「足夠了」。因而我們買了太多的衣服、玩具、送給小孩或朋友的禮物，因為我們希望自己的慷慨能「足夠」贏得他人的贊同和感謝。我們會希望重新裝潢房子，以便讓這個家「夠好」，住起來更舒適，並且也讓鄰人印象深刻。然而不論我們花多少錢，或多麼懂得精打細算，我們永遠都覺不夠。

其中的謬誤想法在於，我們認為可以藉由「豐富的物質」這個處方，來修補「不夠」的問題。堆積貨品絕對解除不了麥得斯王的詛咒，相反的，就如這位國王本身，我們可以選擇去夢想一種人生，在其中，一切早已足夠，因而你能感到幸福和滿足，不論擁有的是什麼。

想要從「欠缺」的噩夢中醒來，必須拒絕這種糟透了的腳本模式，這腳本是這樣寫的：「如果有了某某，我就能創造永遠的幸福。」只有到那時，你才能想像出一個健康、滿足、活力十足的人生。對這個遠景懷抱的意念愈強、持續得愈久，堅信自己早已充裕富足，便愈容易在現實生活裡實現自己的夢想。

獅子王的噩夢

另一個我們在生活中不知不覺誤蹈的神話是獅子王的故事。這個故事已被迪士尼公司拍製成動畫電影和場面浩大的音樂劇，故事主要講述森林裡的小獅王如何逃離其叔叔的陰謀詭計，最後繼承了父親的王位，成為森林霸主。年輕的幼獸逃進了樹林深處，與一頭疣豬和其他森林野獸成了好朋友，一同嬉耍、長大，結果牠忘記了自己是森林王國的繼承者，直到親人找到牠，提醒牠原來的身分和未來的宏圖大業。年輕的獅子於是返回獅群，挑戰叔叔，重新取得王位，成了新的森林之王。

此一噩夢也稱為「我的顛峰時刻終將來臨」，是當今文化裡許多男人所深陷而毫不質疑的幻夢，他們殷殷切切地，期盼有一天能彰顯自己的地位和重要性。或者因為這樣的夢想而使他們篤信，下一次……就下一次的生意一定是最大的一筆，會把我推上人生的高峰。

男人會不斷把眼光掃向身旁的伴侶，尋求她們的鼓勵和支持，以便一步一步完成他的「偉業」，因為他們深信一句格言：「一位成功男人的背後，必定有一位偉大的女性。」這位偉大的女性不斷在身邊給與激勵、信心，直到那一天他們為王為止。然而，這對一個女人來說實在是一項艱鉅的任務，因為她必須一直在伴侶身旁扮演如同母親的角色，還要持續保有自己對他的吸引力，養育著他從幼獸到王子、從王子到國王。女人簽下這一紙工作契約後，為了完成任務，必須先把自我的生命擱置一旁，轉而替她的男人生活，以協助男人邁向成功，而萬一這頭公獅子沒有成功，他就會把失敗歸咎於她。

陷入這場噩夢的不是只有男人而已，女人同樣受到傑出、卓越這類名聲的召喚。正如大家所熟知，每個人的心理都潛藏著兩種性格：男性性格與女性性格，男性的這一面尤其容易受到這類獅子王式的噩夢引誘，所以當一個女人陷入此一迷思當中，她必須求助於心中女性性格的部分，因為她沒有一個「外在」的妻子來支持她度過追求成就的過程。這得付出非常高的代價：那負責提供呵護、照顧的女性部分必須妥協，且變得剛毅、堅強，導致她的性格最終變得銳利、難以親近，以屈從於內心執著於追求成就與社會認可的男性性格。

女人陷入獅子王之迷思還有另一種形式，她可能在深愛的男人身上看到偉大的潛力，但是男人卻無法或者不願意承認這一點。雖然她極盡所能協助他成長或功成名就，他卻依舊拒絕接受她的幫助。這對女人而言是非常沈重的打擊，且難以從中平復，因為過不了多久，她會漸漸看不起她的伴侶，完全喪失對他的敬重。

獅子王的噩夢對許多男人和女人而言是個致命的陷阱，他們總覺得人生對他們有所虧欠，或者總有什麼世俗的名利在躲著他。當然，人生確實提供給我們成就豐功偉業的機會，但這機會卻屬於創造力和靈性層面上。當我們醒覺不到自己內在的潛力，就會被一種莫名的愁悵感籠罩，就如電影〈岸上風雲〉（*On the Waterfront*）中馬龍白蘭度所說：「他原本可以是一名鬥士的。」

如果辨別不出自己是深陷於噩夢中，有此一獅子王幻想的男人就會一心想著這是他的天譴、報應，這一部分以獅子王中那位邪惡的叔叔為代表。他說服自己，只要能除去那一位擁有地位和權力的人，他就能獲得正統的領導地位。

於是他等待機會、等待出手的時刻……但那時刻卻自始至終沒有到來。在現實生活裡，這個人很可能是他的父親、上司或甚至一個情敵。

時不我予的感嘆

最終，我們了解到自己畢竟不像年輕的獅子王，因此深陷在一個名為「我已年華老去，時不我予」的噩夢裡，理由是這個童話從未在現實生活中實現。我們無法重獲王國，因為再也無法重返二十二歲，面對眼前無限展開的機會。雖然仍舊一邊等待著機會，但一邊還擔心該不會所有的門都已關閉。我們對於自己不再年輕、體力大不如前、競爭力衰退，感到萬分焦急。這世界總有人比我們更年輕，願意接受較低的薪水，或者他們結實的身材很可能成為我們潛在的情敵。

我的許多案主都是戰後嬰兒潮的產物，年紀在五、六十歲上下，他們多半期盼自己能夠再創人生的高峰，但卻依舊頑固地徘徊在「我已年華老去，時不我予」的噩夢情境下。他們害怕徹底丟開這種想法，大膽去創造或勇敢冒險。就算跳出童話故事的魔咒，他們還是覺得那最有創意的日子還是落在前頭，觸摸不著。

我有一位朋友是心理學者，她專長於人與人之間承諾的議題。她告訴我，對於找尋伴侶這件事，三十、四十、五十歲的案主表現出的悲觀大致是相同的，但表現出最大焦慮的卻是那些二十幾歲的年輕人。那種覺得時光不再、已經太遲而無法達成夢想的想法，可以在任何年紀出現，並且就這樣因為害怕和自我懷疑而裹足不前。我的母親到七十九歲的年紀才找尋到真愛，但是我打賭，當她二十二歲的時候，她必定遭遇到那些十七歲女孩對她的威脅，因為她們才是她最大的競爭對手。

人們感覺自己老了，不是因為年紀的關係，而是因為他相信，時間已經透過某種方式溜走了。我們不懂電腦或電視遊樂器，對這一世代的電影也感到非常陌生，那是因為人們到了這個時候已不再勇於挖掘新鮮事，不去挑戰自我，也不敢再冒險。他所做的是，扭開收音機那個老掉牙的電台，心裡面暗自抱怨時下的音樂真是太可怕了。然後傳送電子郵件給老朋友，說明自己的近況，內容不外乎是談到自己記憶力衰退、全身關節愈來愈僵硬、不靈活等等……因為我們早已說服自己，生理的退化是無可避免的。

然而，並不是每一個人都這樣對「老」這個字的意義深信不疑。我認識一些八十幾歲的老翁，他們比那些三十幾歲的年輕人還要有趣得多，因為這些老先生、老婦人以熱情擁抱生命。他們覺得自己的大好時光還在前頭呢，那最棒的一本書都還沒寫成呢，最美妙的音樂也還沒譜寫出來。沒錯，膝蓋或許是僵硬了點，活力也比從前差了些，但是這些並不是一齣叫作「我的一隻腳已進棺材，從這裡只能一路下坡」的故事的一部分。

生命中常出現兩次機會（甚至第三、第四、第五次機會），但只要一個人被套牢在獅子王的噩夢裡，他就會覺得那是不可能的。請記得，人之所以陷入噩夢之中，是因為心中夢想著童話故事，但結局卻大出意料之外。因此，雖然我們願意儘量去抓住機會，卻找不到行動的勇氣，原因是心裡面總會出現這樣的聲音：「我實在一點都不行，我曾經試過，但是失敗了。」對於失敗的恐懼足夠讓人癱瘓、動彈不得。我們要問自己的問題不應該是：「現在開始用熱情和意義來過日子會不會嫌太晚？」而應該是：「今天我該如何開始呢？」

不可否認的是，有些機會的確是不可能復返的，舉例而言，若你已經四十二歲，而且從未上過一次芭蕾舞課，那麼要成為一位芭蕾舞明星確實是不可能，然而若你願意接近夢想的核心——譬如渴望跳舞和表演，那麼你會漸漸發現一些方法和途徑，透過這些途徑，確實逐步實現了這個夢想。你不必構想一個噩夢，把自己長久關在裡面，直到身體已經退化。人絕對可以保有對於新經驗的渴望，永遠帶著一顆好奇心探索人生。

灰姑娘的情結

在灰姑娘的童話裡，一位心地善良而又辛勤工作的女孩，被繼母和其兩個女兒虐待，她們使喚她做所有的粗活，令其生活有如地獄一般。但就在一個神奇的夜晚，一位仙子出現了，她就像教母一般，自此拯救了她的不幸。仙子把南瓜變成了馬車，老鼠變成了馬伕，灰姑娘身上穿的破舊衣服也煥然一新，成為美麗的晚禮服，還有一雙亮晶晶的玻璃鞋。女孩終於有了機會前往參加皇宮舉辦的舞會，最後贏得王子的愛情，成為皇后。

雖然灰姑娘的心被家人深深傷害，王子卻察覺不到這一點，他只看到她美麗的一面，是一位絕佳的舞伴。然而就在魔法消退的那一刻，灰姑娘匆匆忙忙消失在迷濛的夜色中，王子只能悵然撫著那隻留在台階上的玻璃鞋，發誓一定要找到這隻玻璃鞋的主人。他在全國上上下下到處尋找，最後終於找到了一位身穿破衣的女孩，她那瘦削的腳竟然一滑就滑入了玻璃鞋裡，當他發現她就是那一位自己日思夜想、在迷人月光下共舞的女孩時，他火速掃去她的陰霾，帶她走向幸福富裕的未來。

許多女人都想像自己是現代版的灰姑娘，總覺得受到不當待遇、不被重視，期待自己的生命出現轉機。她們幻想著那神奇時刻的出現，可能是一位英俊有錢的白馬王子（或至少是一份令人稱羨的工作），自此拯救了她。不幸的是，當魔法在夜半時分退去，王子剎那間變回一隻青蛙，不但有酗酒問題，還有一段難堪的過去，這下一切都毀了。再也沒有人可以拯救她，女人受傷太深，以致找不到玻璃鞋，無法宣稱那是她的，因而也沒有那把通向城堡的鑰匙。灰姑娘自此陷入名為「我受傷太深，因而對自己的生命沒有掌控能力」的噩夢中。

如同童話故事裡的情節，一個深陷此原型的女人，常會為自己的悲慘遭遇而責怪其他的女人：都是那狠心的繼母逼迫她，使她無法作真正的自己；在現實生活裡則是，一個母親，永遠不懂得欣賞自己女兒的優點。同父異母的姊姊形象在現實生活中則成為其他女性，她們貶抑灰姑娘的潛力，說她不夠好，無法贏得王子的心，無法獲得榮耀。

心理受傷而受苦的女人總是滿懷怨恨的，要不然就是極具競爭心，甚至到壞心眼的地步，她們嘗試告訴友人她們的夢想太不實際，不可能實現，藉此來抒發自己的恨意。即便是那些想要對女性朋友表達出關愛和支持的女性，也會在言語上灌輸具破壞力和削弱他人力量的信念，比如她們會說：「世界上沒有好男人。」或者「這是男人的世界，所以你早該有心理準備的。」等等。

關於灰姑娘這個主題，還存在一些以男人為主角的變奏版本，那就是「蜘蛛人」、「超人」和其他卡通故事所塑造的英雄人物等等。這些人幸運獲得了魔法力量和地球人的景仰，卻又不幸地無法獲得浪漫愛情，因為任何一位他所心儀的女子都注定會遭到危險。每一個最終都會被他從身邊推走，以免女子遭受不測；而超人英雄甚至無法讓女子知道自己內心深處深刻的愛慕。

這樣的情節反覆出現在卡通和電影中，反映了許多男人不敢相信——會有一個女人願意接受有著超人形象而又有許多問題的他，而且還能處理得非常好。他們心中反而盤踞著一股信念，覺得自己外表看起來雖然孔武有力，內心卻傷痕累累、找不到快樂——「我只會一再把事情搞砸，把生活弄得一蹋糊塗。」正是這種想法將他們鎖在另一種受害者的夢魘中。

衝破受害者的噩夢

對所有人而言，情緒受傷是在所難免的，同時也是事實，痛苦原本就是人類生存經驗的一部分。然而單純因為這個傷口而從此變成受害者，則是把此一事實加以裱框起來；把痛苦拿出來創造一個受苦和受害者的受難故事。舉例而言，當一個人解釋父母親在自己七歲時離了婚，因而不能再那麼常見到父親，這樣說還不夠，他還要對自己、對未來可能的伴侶、對心理治療師說：「我有親密關係的問題，自從我父親離開了我的母親、兄弟姊妹、我，一切的一切。」我們喜歡加入很多細節，讓故事聽起來感人肺腑、賺人熱淚；自己編造了一個劇情，把自己深深網在裡面。

受害者故事已經是無所不在，造就出一種無力的文化，它在其間還以各形各色的方式表達出來。我們常常和鄰近的人談到自己的問題，好讓他們明白為什麼我們無力做一些改變，譬如耐心等待一展身手的機會，或者努力滿足自己的需要，而不是期待他人來滿足。對於那些窮畢生之精力探索自我的問題，不斷用磨刀石琢磨自己的故事而非努力衝出重圍的人而言，自助的動作從沒斷過。就如我在某聚會裡所遇到的一名女子，她在介紹自己時還順道告訴我：「我今晚差一點就沒能出席，因為我向來自尊心低落。」

就算那些時常嘲笑有受難情結的人，也喜歡認為自己是那些老是說自己是受害者的受害者。大家爭相比較誰受的苦比較多、誰扛的擔子比較重？誰的痛苦才是真的痛苦？對於沒有先開口道歉這件事，誰的藉口較為合理？我們腦中蒐尋著各種標識著「傷口故事」的檔案，不時便拿出一疊來向人們揮一揮，宣稱這些故事可以證明自己是如何值得憐憫、值得特別的待遇，以及不需要在關係裡負擔任何責任。

合理化自我的痛苦可以協助自己找到內在的力量，學到教訓，但是當我們也參與噩夢的製造，不斷以受傷作藉口，來解釋自己無法復元，等於變成情緒、心理、精神上的殘廢。我們不斷強化自己的無力，以致完全麻木癱瘓。

受害者三角關係

要成就一名受害者，還得要有加害者。如果我們想要對自己感到難過，就必須要有一個可供責怪的惡棍，為自己的無力感和悲慘處境扛起責任，而如果找不到這樣的人，就必須去創造一個。當找到了這個惡棍後，就要創造拯救的機會。我們需要一位上帝降臨我們的生活，一次解決所有的問題。我們期盼一個父親、一個風度翩翩的王子或一位仁慈天使來到，拯救我們脫離苦海。

印加部落的地球守護者說，那些描述印加人處境的故事當中，每每提到西班牙征服者、印第安人、教士這三個角色。西班牙征服者就是那個迫害倒楣印第安人的惡徒，而印第安人唯一的希望就是得到崇高教士的拯救。這些刻板角色的作為總是在意料之中，而且永遠演出同樣的情節，直到有一天我們終於想把它丟開為止；在那一天到來之前，我們會一直陷在那樣的悲哀劇情中。

對於我們自己的遭遇以及童話故事，我們也用同樣的惡徒、受害者、拯救者三種刻板角色來描述。譬如麥得斯王的故事裡，戴奧尼索斯是惡徒，國王是受害者，他的小女兒成了拯救者，她建議父王親自向戴奧尼索斯請求饒恕。在獅子王之中，惡徒是那邪惡的叔叔，受害者是小獅王辛巴，拯救者是他所愛。在灰姑娘的故事裡，惡徒以繼母及其女兒為代表，受害者是灰姑娘，拯救者是尊貴的王子。

請特別注意，以上所有故事皆從受害者的角度來撰寫，由此看來，我們一般人也傾向把自己看成受害者，受到某一個狠角色或可怕事件的迫害，以此來編造自我的惡夢。問題就在，每一次我們用這種方式來描述自己，就是在寫一個以無能為力、麻木、無動於衷為主題的故事。我們心中的受害者想法，正解釋了為什麼我們老是達不到內心的願望。

不過，有時故事是從惡棍的角度來撰寫的，尤其是那些由男人撰寫的故事，他們喜歡把自己想像成是有力量、有正義感的戰士，以此合理化內心的嚴酷和報復心態。當發現自己正意氣風發地吹噓適才完成的一筆交易，滔滔不絕地闡述如何打敗對手、如何征服一項疾病時，我們便是認同了這個征服者角色。然後再一次，我們可能選擇從拯救者的角度來寫故事，因為內心想要為自己解救了夥伴，或是為小孩做了崇高的犧牲而大肆喝采一番。

在現實生活中，以上三種角色是交織在一起的，我們時常轉換角色，一會兒從受害者變成其他受害者的拯救者，一會兒從崇高的拯救者變成憤怒、自我合理化的惡徒。譬如幾年前發生在美國紐約和華盛頓的九一一攻擊事件，霎時之間，似乎全世界都站起來聲援美國。就算美國人在全世界挾著龐大的政治勢力，剎那之間也變成了嚴重悲劇事件的受害者。

然而就在數月之後，美國人卻誇大其政治善意而掀起戰爭，以至今天，全世界許多地方已視美國為侵略他國的惡徒，美國任意妄用其資源傷害他國無辜的百姓，以為他們可隻手去除惡棍，為當地創造民主的環境。與此同時，許多美國人還將妨害人權的各種行徑合理化，因為儼然已把自己看成是打擊恐怖主義的正義鬥士。無論是把美國人視為惡徒、受害者還是拯救者，總之，似乎沒有一個故事能夠協助這個世界構築出一個更為完善的夢想，反而只是一再落入受難與復仇的永無止境循環之中。

讀者可以試一試以下的練習，慢慢覺察出自己如何將自我套入這三個刻板角色之中，並且開始醒覺，如此套用陳腔濫調的老故事，是多麼無意義、無建設性。

練習：發現故事中的惡徒、受害者、拯救者

寫下最近令你感到憤怒的事，巨細靡遺地描述你的處境，把復仇計畫也加進去，詳述你會如何扭轉局面，把原來的加害者變成受害者，解釋一下你會如何拯救自己或其他遇到同樣問題的人。

你可以參考以下的範例：

我兒子的足球教練拒絕讓他擔任那個他最喜歡的位子，昨天我兒子向我抱怨。對於這件事我非常生氣，還告訴他，下次你練球的時候，我會找那位教練出來談談他的愚蠢決定，竟然讓另一個孩子代替我兒子。

或者

我前夫把一份報稅文件給弄丟了，我的會計師告訴我，必須重做一份，否則就會被查帳。我打電話給前夫，告訴他我對於他的不負責任、老是攪亂我的生活已經感到厭煩透了，他大罵我臭婆娘，然後就把電話掛了。我真的怕極了被查帳的後果，我一定要殺了他。不論我怎麼做，

他似乎就是有辦法毀了我的生活，把它變成一個大災難。

現在列出一張角色清單，指出哪一些人扮演受害者、惡徒、拯救者。請注意，同一人可能在故事的不同段落裡扮演不同的角色，譬如受害者可能因為非常憤怒，而演變成加害人的惡徒，或者不被感激的拯救者最後變成了受害者。仔細觀察自己所寫的故事，問問自己，當中是不是有某個人既不是惡徒，也不是受害者、拯救者。

這故事叫什麼名字？它應該與你的問題有關，因此第一個故事可以命名為「他們做出對我兒子不公平的事」，第二個故事可以叫作「我前夫毀了我的生活」。故事名稱是你定義事實的方法，也因為這種方式，所以才創造出自己的問題。

真正的問題在於，多數人都把自己編的故事與事實混為一談，你的故事是一場受苦的噩夢，你只要一天守著它，就一天逃不出去。上面那則故事裡的前夫並不使她災難連連；是她使自己災難不斷。他只是作他自己，而那正是為何那位婦人與他離婚的第一個理由。即便她已不和他住在一起，這前夫仍舊扮演婦人投射在他身上的角色。

仔細檢查自己的故事，想一想，有沒有什麼辦法可以解決問題；就在這個故事當中，能不能採取某一項行動？這個行動會不會讓你再一次扮演惡徒、受害者或拯救者？如果會，那表示你只是在噩夢裡多加一個章節。

在後面的練習裡，你會為故事寫下一個嶄新的腳本——你在其中不再扮演惡徒、受害者或拯救者，其他人也是如此。

解除輪迴鎖鍊

個人在解釋自身遭遇時所描述的每一個故事，都會變成醒覺時的噩夢，這些故事如同烏雲，蒙蔽了一個人夢想和創造的強大潛力，也成為因果輪迴的包袱。就像鬼魂總是拖著沈重的鎖鍊，人則是拖著一個個倒楣的故事東遊西走。故事主題一遍又一遍在生命中重現，雖然細節上不盡相同。事實上，許多臨床的心理治療師都曾坦誠表示，他們在傾聽案主訴說遭遇時，往往得與瞌睡蟲奮戰，因為案主總是認為自己的故事有著層出不窮的戲劇性，卻不知道那些故事老舊得很，一再被人們當成新鮮事不斷重述。所描述的故事漸漸形成當事人的神話。

第一例中的父親奮力想助兒子一臂之力，他之所以這麼做，其實是在深層意識上，想利用兒子撫平自己年輕時期所受到的不公平待遇的遺憾。第二例中的婦人抱怨前夫毀了她的生活，因而正盤算著報仇的計畫，其實她是在想辦法（藉由其前夫）平息心中對於自己生活失控的無力感。兩個人都是在利用「他人」來療癒自己本身的傷口。

雖然有時候我們心中確實升起了衝破心理和輪迴之枷鎖的勇氣，但最後卻只是把困境轉移到其他方面，外表上看起來像是終結了眼前的困難，實際上卻是在另外一個領域裡又重製了這個主題。譬如，新的老闆並不比之前的老闆好到哪裡去——他只是用稍稍不同的方式迫害我們而已；新任女友似乎也慢慢愈來愈向那該死的前妻看齊。不是都如此嗎？我們在與兒子（或者事業夥伴甚至老闆）相處的過程裡，又再一次經歷到自己與自己的父親過去的衝突？

想要衝破因果業障的鎖鍊，方法是丟開心裡面認為自己得不到的各種理由。理由，或者說藉口，譬如以下所列舉，是每個人故事的關鍵：

- 因為我的父母老愛挑剔自己的毛病，因而我總覺得自己不夠好。

- 我向來就被歧視，因而年輕時喪失了成功的大好機會，現在我老了，沒用了，機會已不再。
- 我怎麼樣都達不到心裡的願望，我心裡的傷太深，根本快樂不起來。

正當你仔細檢視這些生活裡似乎改變不了的事實，你可能會說：「我不是在找藉口，這些都是實情。」沒錯，它們對你而言再真實不過，然而，把過去的事和現在、未來混為一談卻很容易，大多數人用一種固定的方法來察覺周遭的事實，而它們很可能根本就不是事實。你的「事實」其實是根植於記憶的各種信念。

人的大腦無法分辨當下發生的事以及這一刻的經驗，這個經驗就是你稍後回想起來會對人訴說的故事版本。研究神經的學者發現，在大腦的突觸層次上，一個真實事件和一個被喚起記憶的事件，皆以同樣的方式、同樣的強度註記在新皮質層和邊緣系統上。職業運動選手都明白，要達到最完美的表現，他們只需要不斷想像自己完成了一次完美的賽程，或者想像自己一竿進洞的景象。想像自己獲得金牌的運動員，其實實際的成績反而不如那些想像自己成功完成比賽的運動員，因為前者只是在心中願望，後者卻是在神經網路上為成功的一局烙下印記。

事實上，每一次舊傷口的重演，便等於再一次強化大腦突觸的路徑，如此，只要每一次說道：「一位三年級的老師告訴我，我是一個懶惰鬼，以後絕對不會有什麼成就。」這時你內心感受到的苦惱，並不是舊傷口被重新打開的痛，而是你在敘述這件事時所創造出來的新痛苦。你或許以為自己只是在發洩，或藉此甩開舊有的恥辱和憤怒，但大腦卻不是這麼想。你給與了這段敘述生命，不斷灌輸它能量，使得那句話變成了你今天的現實。

換句話說，我們愈是重述那一件事，它就在神經網路上刻得愈深，最後它們變成一條大溝渠，以致我們的經驗和覺察都會很快流入，沿著那最少阻礙的路徑快速通過。多數人都是沿著這些神經路徑，輸送感官輸入的訊息以及詮釋事件，因而，我們會把前妻的形象強加在新任女友身上，或者把母親的影子套到新老闆的作風上。

甩開受苦的感覺

這幾年來，許多藝術家、神話作家、宗教領袖都本能地了解到，大腦無法在「真實」和「覺察」的事件之間做區分。他們創造了一些公開的儀式或表演，讓一群人把隱藏的攻擊、傷害或和解的情緒帶到檯面上。日本的傳統戲劇形式歌舞伎就是一個絕佳的例子。

歌舞伎起源於十七世紀早期，原是喜劇的一種形式，但是到了二次世界大戰之後，日本人經歷了史無前例的可怕恥辱，歌舞伎演員在舞台上的表演從此變得僵硬、拘謹、動作生硬，時常表現出痛苦的姿態，以表達出整個國族承受的失落。同樣的，希臘悲劇也為人們提供了一個療癒和釋放情緒的出口。

即便是天主教的彌撒儀式裡，每每到最重要的階段，就會出現讓信徒們釋放情緒的儀式，讓那些隱藏在眾人意識底下的痛苦、憤懣、暴力的情緒宣洩出來，因為這些東西讓每個人感到非常不快活。

如果你仔細注意天主教的彌撒，會發現當中充斥著各種苦慟的影像，但最後都透過耶穌的復活轉化成無上的喜悅。許多宗教儀式都會運用這種刻版的方式，讓大腦去認可、感覺所謂的痛苦。

一旦甩不開內心的受苦感覺，它就會像一個驅不走的魔鬼一樣糾纏著當事人，那心中發狂的魔鬼時時等待被解放。你可以透過把它說出來，從此將它拋開，譬如：「我必須讓前妻了解到她是一個不理性的怪物。」然後命令它永遠離開你的心理機制。然而它是無法被趕走的，除非有一個更新且強而有力的東西取而代之。

比如，當電話響起的那一刻，來電顯示器上顯示出前妻的電話號碼，此時你不需要拉出那舊時的腳本，心想：「哦，不，是她。她又要來告訴我我忽略了孩子，我又要開始大發雷霆且感到受傷。那就是她一貫的伎倆。」取而代之的是，你可以開啟新的故事場景，把自己想成一個勇於為自己負責的男人，但不會無端承受他人丟過來的包袱。你可以向新的機會敞開，設想前妻不會攻擊你，因為你不再張開鮮紅布幔來引誘攻擊。

下定決心、選擇突破已經爛舊的腳本，即便如上例中接電話那樣短暫的瞬間，都需要極大的勇氣。要如何做到呢？它需要的是當事人能夠立即觀照自己心中迅速升起的爛舊腳本，放開心中對於安全感的索求，正因為這種需求才點燃導火線，引發戰爭。

當事人明白得很，前妻可能又開始絮絮叨叨控訴自己的罪狀，但是如果這樣設想，便等於是安裝好固定的背景讓那樣的戲碼上演。因為自己與前妻之間已存在長時期的互動關係，她會很快接收到那樣的提示，立即把腳本原封不動照舊演出，就好像樂師只要聽到樂曲的最初幾個小節，他就能本能地接下去演奏一樣。所以你和她打了聲招呼後，兩人之間你一來我一往的對話便一句也不會少。

一旦有勇氣放掉心中負面的設想，然後說：「嗨，你今天如何？」並且讓自己完完全全敞開心來接納接下來的反應，你便從噩夢中醒來了。你可以聽見她語帶諷刺的責難，但是不會再把她當成惡徒，也不再把自己當成受害者。你甚至不會被挑起，想去扮演更加崇高而且似乎更有力量的拯救者角色，指出她是如何陷在自己的腳本裡，試圖去糾正她。你不會這麼做，取而代之的是，心裡面浮現一個嶄新且更好的夢想，夢想的主題是「我的前妻與我正要創造和平」，接著邀請她來共同加入。她很可能斷然拒絕，但那是她的決定，而你可以有不同的選擇。

事實飛逝的本質

由於每個人心裡對於熟悉感有這麼強烈的需求，因而多半的人都拒絕承認「人」和「局勢」是可以改變的。所有的事實都不是永久的——若是能夠接納這一點，你便能拋開那種可怕的無力感，老覺得自己無能重新創造生活或改變眼前的局勢。不管眼前此刻的現實看起來多麼無法改變，請記得，即便是冰河都在與時推移。

事實是如此的強有力，以致於現實每一分每一秒都在持續行進中。當現實似乎凍結在某一時空中，那是一個幻覺，是因為我們的故事才創造出來的幻象。我們不斷提到的那個討厭的同事，他自己則是繼續不斷往另一家公司移動中，但我們卻牢記著兩年前的某一天他在我們的提案上灑了咖啡。我們在事實已改變了許久之後仍緊抓住那一次印象，正是那樣的印象凍結了我們的現實。

我曾經有一名案主在度過一次嚴重的健康危機之後，卻仍然執著的相信，此生的目的就是為了能夠存活；只要不臣服在病魔之下，能夠多活一天，就算是達成她的人生目標了。她已重獲健康，但只要想到未來，想到接下來要做些什麼，她就覺得很痛苦。她得要遠遠丟開她的老故事（說她曾經得了重病，曾經鼓起最大的勇氣和力氣來對抗病魔），擁抱一串新的事實（說自己現在很健康，有一個可以自由揮灑的美好未來）。過去的她早已熟悉作為一個鬥士和生存者，但現在她必須去發掘新的人生意義，這意義跟疾病無關。

當人的年紀愈大，就愈能夠看清楚某些改變發生了，而且這些改變還出現得甚為神奇，有時會在你最想像不到的時刻發生。我們可能覺得自己被困在某一份工作上，動彈不得，雖然一次又一次分析局勢，但最後得到的結論還是，我們沒有別的選擇。

我們篤定地認為，要留在這個行業的唯一方法，就是繼續忍受那不仁不義的上司對我的折磨，因為要找到同類型、職位也相差不遠的工作，可能要到另一個城市去，但我的孩子對搬家這件事是不會同意的。出乎我們意料的是，那上司竟然被炒魷魚，來了個新的上司；或者有一個新公司來到這一區設立辦公室；又或者小孩子在學校有了麻煩，他的好同學搬走了，因此終於願意搬家了。

只要有勇氣放開舊的故事腳本和記憶，接受人和事是會改變的，我們便不會急著為自己找尋一套藉口，來解釋自己為何達不到心裡的願望。

切斷忿恨的繩索

如果你在事實和局勢改變許久之後，仍惦念不忘那一個老舊的故事，這時你等於製造出一條有流動能量的繩索，把自己和那故事中的每一個角色繫在一起，而且還在自己的發光能量場上烙下一道印記。那些把你和角色人物繫在一起的，是一綑綑具有能量的細絲，它們可以在你和那些人的關係改變之後仍存在著。

薩滿能夠感覺得到你身上的這些連結，甚至指得出來那繩索的另一端是些什麼人。所以即使你不再生氣那一位多年前已不再和她說話的好朋友，你身上仍舊有一條繩子連結到她身上，維繫著一份關係，因之，你和她之間的業並未解決。這正是為何當你發現她走了還傷害了別人時，你還會勃然大怒的原因；或者在晴空萬里的日子，你還會莫名其妙地突然記起過去某一次和她的爭吵。這些繩索如同養分輸送帶，你持續用它來補給心中的惱怒和憎恨。

只要一天不切斷你與前好友之間的連結，最後就會在現下的生活裡重新創造出一個類似的局勢，為的是讓自己從中找到寬恕與平靜。你也可能會繼續緊抓住一個叫作「她傷害了我，我是一個受害者」的故事。每一次向別人傾訴這個故事，或者即便只是對自己說，都會製造出新的感傷、忿恨、埋怨。如此一來，就更加強化了你與她之間忿恨的連結，而且還深化了在自身能量場中烙下的印記。發光能量場中的記號是如此強烈，因而你只消聽到她的名字，就可以立即感到怒不可遏。

我們也可能在某人死之後，還繼續在心理上與其相連，永遠記得他們帶給我們的痛楚，而不是記取他們所帶來的教訓。這一類有毒的連結在西方文化裡非常普遍，因為人們習慣於把自己今日的遭遇歸罪於祖先，認為都是他們的錯。這些繩索可以把死者困在兩個世界之間，永遠找不到平靜。死者於是變成留戀現世的靈魂，流連在我們住屋附近，離不開我們的生活，由於和生者之間的傷口未解，而永遠和我們繫在一起。

一條仍有能量的繫繩綁著死者與生者，可以耗盡生者的元氣和活力，好像肚子裡有寄生蟲一樣。只要生者讓舊故事一遍又一遍在心裡播放，那繫繩就會一直存在。這讓我想起過去的一名案主，我大約每年見她一次。這位小姐經常與母親發生爭執，爭執的內容不外乎是那些與她交往的男孩，她的母親認為，女兒每一次愛上的男人都不夠好。

有一天這位小姐走進我的辦公室，那時我已有一年沒見到她了，她進來，然後就宣布：「那巫婆終於死了。」意思是她母親已經過世了。她說那已經是數月前的事，但自從那之後，她就沒好好地睡過，而且還分別與三個「壞男孩」交往，她如此稱呼他們。每一個男人在交往的最初幾天或幾個星期裡，都表現得還不錯，可是後來就出現凌虐的行為。

當我掃描她的發光能量場，我注意到當中有一條粗大的繫繩連接著她的心臟，繫繩的另一頭連結著她的母親，顯然她死後至今仍無法離開她的女兒（當然我的案主從那時還一直持續證明她母親的想法是對的）。療程當中，我們必須切斷她和母親之間的繩索，同時要她感謝母親一切的關愛與呵護，雖然她時常指示錯誤的方向。然後她必須告訴母親，她可以安心回到靈魂的世界，那是她現在該回到的地方。療程結束後不久，我的案主就向我報告，她現在睡得安穩多了，也不再被那些「錯誤」的男人吸引。

如果你懷疑自己和他人之間有一條能量的繩索相繫，並因此覺得耗損了自我的能量，以下的寬恕練習可以協助你擺脫痛苦，切斷那一個不恰當的連結。

練習：切斷牽絆的能量繩索

雖然薩滿們有其獨門的技巧，切斷當事人與他人之間的能量繩索，我們還是可以透過寬恕的練習切斷與他人之間的牽絆。這個練習分成三個步驟——不幸的是，大多數的人只完成了前面兩個步驟，找到了暫時的紓解和滿足之後，就未繼續完成下一階段，好徹底有效切斷發光能量場中的能量繩索。為了能夠把自己從另一個人的羈絆中徹底解脫出來，完成這三步驟是絕對有必要的。

一、第一步是確認出那一位錯待你或你錯待他的人。做一次深呼吸，呼氣時緩緩釋放掉心中所有的忿恨和不平。反覆做數次，如果你覺得需要的話。

二、接下來，再做一次深呼吸，呼氣時向這一位朋友或親人說出誠摯的祈禱或祝福，原諒他們對你所做的一切。然後，在意識之眼上，請求他們寬恕你對他們所做的一切傷害。反覆這麼說：「我放開你，並且祝福你。」重複數次深呼吸，若有必要的話。

三、最後而且是最重要的步驟，是沈思你從這個人身上學到的教訓。你覺得生命想要透過這個人告訴你什麼？你該如何一次學到全部的教訓，才不至於又得重頭再學一次？又該如何轉化原來的憤怒或傷口，將其變成源源不絕的慈悲和力量？是否為這份關係撰寫一個嶄新的故事，決定權完全在你手中。

＊　＊　＊

一旦棄絕那些老掉牙的故事，切斷因果業障的羈絆，開始療癒自身的傷口，我們就不再被那些無意義的戲碼耗損能量，也不再感覺到陷入噩夢中。接著我們可以開始孵化一個遠比之前更令自己滿足的夢想。

第三章
夢想的強大力量

Courageous Dreaming

邏輯讓你從A推想到B，想像力則帶你到每一個角落。

——愛因斯坦

澳洲原住民相信，這世界存在著兩種現實：一種是日常生活的現實，另一種是築夢時刻的現實。築夢時刻是一個沒有時間的畛域，在那裡，能量體（或可稱為神或上帝）吟唱著，首度把世界化為真實的存在。在築夢時刻裡，一切只有歌曲和詩，是屬於符號和原型的境界。薩滿們認為，關於這兩種現實，築夢時刻的現實比日常生活的現實重要，因為它孕育、塑造、形成了真實的世界。他們或許也會同意愛因斯坦吧?!因為他說：「現實只是一種幻覺，只不過它非常頑固。」

在我們的文化裡，人們如此重視睜開眼所看見的世界，因而早已忘記，自身尚在築夢時刻不可見的世界裡，那構思與夢想的強大力量，當時的我們共同參與創造了宇宙。真實世界或稱為物質世界，可以是非常艱辛的，因為人們在其中得面臨疾病、戰爭、飢荒、貧窮等諸多挑戰，因而我們耗費龐大心力，試圖解決面臨的所有問題，這一點是合理的。然而若是看不出自我身上這份夢想的強大潛力，就彷彿得了近視眼：只看得見眼前這一塊——那全幅拼圖中的一小塊。我們喪失了看見全幅景象的視力，就開始把玩。若是能夠在睜開眼的時刻去夢想，便能發現自己對現實的信念是可以改變的，發現到原來現實不過是一整套向來自給自足的假設。

如果你的信念是，這項技術太令人混淆了，所以我實在辦不到；或者對於那些和我不同想法的人，我可沒有那麼大的耐心，那麼讓我們來試驗一下這個假定。請記得，宇宙將必然證明你是對的。試著敞開心扉面對各種可能性，那些故事是可以被更為有趣的假設所替代的。

建造莊嚴大教堂

中世紀的時候，兩名石匠正在巴黎建造後來舉世聞名的聖母院。一名旅人好奇於他們正在做的事，於是停下腳步問其中一人正在做什麼，他回答：「我在切割石塊啊！」

「我明白了。」旅人回答。然而他的好奇心似乎不因此滿足，所以他走到另一邊問另一個人在做什麼。

「我在建造大教堂。」另一名石匠答道。

就如這兩位石匠，我們可以選擇用一種狹窄而有限的方式，或是用一種不斷讓自己向上提升的方式活出自己。這便是化夢成真的第一步：明瞭自己的行動並非只作用於單一向度。我們可以確定，那一位表明自己正在建造大教堂的石匠，遠比另一位認為自己在切割石塊的人擁有較強烈的意義感、目的感和力量——雖然就現實的某一層次而言，兩人實際上做的是同一件事。建造大教堂的想法作用於築夢時刻，而切割石塊則是作用在尋常的線性時間架構下。聖母院後來耗費將近兩百年時間才得以完成，然而在築夢時刻，或說「很久以前曾經」，大教堂早已存在，而故事中第二位石匠很可能就是那比自己更偉大之計畫的一部分。

有一個案主不久前來找我，他抱怨自己經常憂鬱，並且有一種「終極的無聊感」。他是一名成功的企業經營者，已經繼承家族的火柴工廠幾十年，他告訴我：「我一直想為這個世界做點什麼，不幸的是，我只能每天大量生產火柴，讓那些人點起一根根的香菸，然後得到肺癌。」

就某一膚淺的層次而言，這名男子已擁有許多人渴望的一切，包括拉風轎車、海灘上的豪華別墅和一個美滿的家庭。然而他還是覺得自己每天重複著同樣的生活，製造火柴和閱讀財務報表，了無生趣。他心裡盤算是否該賣掉工廠，改投資另一種他覺得對世界可能比較有貢獻的行業。在他的心裡，他認為自己不是在建造大教堂，他所做的工作沈悶單調、毫無意義可言。

我向他指出，火柴不過是他對自己故事所寫的命題，把工廠賣掉不過是避免再寫一個新且更偉大之故事最簡便容易的方法。我說，如果他不能透過火柴找到一種改變世界的方法，那麼很可能也沒辦法用別種東西來改變世界。所以我們開始探索他深層的心理，剖析一下他為何覺得自己是成功事業的受害者，就像麥得斯王空有一桌山珍海味，卻無能參與宴席一樣。

火柴本身擁有極強烈的隱喻意涵，因而這位企業主和我開始腦力激盪，把玩有關火柴的各種意義，譬如「為世界帶來更多光明」這類想像。最後，他終於改寫了他的故事，把一個受困於黃金城堡卻整日幫助人們罹患肺癌的故事腳本，改寫成更具創意力的故事。他開始在紙板火柴裡面印上警世格言，火柴盒上則印著具有激勵人心作用的短語。我這位客戶還想到，如果他想改變這個世界，就得從那些為他工作的男男女女開始。不出六個月，他已經制定了一個公益分享計畫，使整個工廠生產力大增，因為它激勵了員工全力以赴、發揮最大的潛能。

夢想需要極大的勇氣，你必須承認那些自己創造出來的受害故事，都是自我實現的預言，必須把它們徹底拋開，撰寫一個更佳的故事。在這個新故事裡，你必須扮演英雄的角色——不是到處拯救失落少女的武士，而是克服悲劇和逆境的英雄。畢竟，英雄並不總是有喇叭手和勝大的遊行隊伍歡迎他歸來。

舉例而言，雖然這很少被提出來，但擔任親職就是一項英雄的舉動，尤其是現代的母親，不但被期望負起養育小孩的責任，也要因應需求負擔部分的家計。母親在擔任親職的過程裡，往往發掘到自己過去所不知道的潛力，她們無形中示範出生活中的美感與優雅，以此啟發兒女的追隨。

母親披荊斬棘、開拓出前人所未發現的新途徑，因為她們再也不怕那未知的黑暗森林。由於對自我的力量深具信心，母親通常能夠聰明運用自身的能力，而不會對森林裡的黑影動輒魯莽拔劍以對。她們的行為較像是勇氣深具的英雄，因為她們確實就是英雄。

在以下的練習裡，你將重新調整你的關鍵故事（那則故事早已變成削弱自身能力的噩夢），找到作為一個英雄的內在勇氣。

練習：撰寫你的英雄故事

如果你還記得的話，上一章述及的三個童話故事，活脫脫是人們噩夢的樣板，其中的主要人物必須發掘自身的勇氣，藉此付諸行動。如麥得斯王，他必須躬身自謙，向戴奧尼索斯求助，把點物成金的能力退還，擲入河水中。獅子王裡的小獅王辛巴必須勇於面對牠的惡叔叔，才能重新取得森林王位的繼承權，為王國的所有動物帶來秩序與和平。灰姑娘則必須有勇氣前往參加宮廷舞會，雖然旁人告訴她，絕不可能被王子選中成為他的新娘。每一個人物最後都因採取了勇氣的行動，而終結了自身的噩夢。

回到第二章「發現惡徒、受害者、拯救者」的練習。你在此練習中已寫下一個故事，現在請將它改寫，把自己寫成一個英雄，勇敢面對挑戰，找到勇氣且付諸行動。這個英雄故事是否真在現實生活裡上演並不重要——一旦寫下這個腳本，你就會無形中投注心思在其中，並且逐步將它實現。

改寫故事的時候，請記得要丟開陳舊、定型的人物角色。譬如，那位想找足球教練理論的父親，如果他想在故事中把自己改寫成英雄，就必須用創造力來行動。他也必須邀請故事中的其他人物（兒子和足球教練）變成英雄，也就是說，所有的人都要探觸到內心深處的勇氣，並且以之行動。

一個人必須有勇氣接納一些事實，譬如像未被選中擔任重要角色這樣的事。他必須想到這背後的種種考量，一方面，他必須進一步發展自我的技巧，另一方面，他還得想到萬一把事情搞砸而使人人都憎恨時，自己該如何面對。所以透過重寫腳本，當中的三個人物都必須鼓起勇氣，而不再扮演惡徒、受害者、拯救者的角色。

在改寫完故事之後，請閉上眼睛在腦中想像新腳本的演出（譬如，那位父親會與足球教練談一談，請他協助兒子加強技巧的演練）。想像的時候，感覺到自我在採取新的英雄式行為時，內心升起一股前所未有的勇氣，而在看到別人也同時展現出勇氣時，心裡也浮現愉悅的滋味。

現在試著把這場景記憶下來。你可能打算每天早晨把新腳本大聲讀一遍，然後花幾分鐘時間想像它實際演出的情景。以此方式，你的新故事就會開始在現實世界裡顯現出來。

如同我早先所說，大腦分不清現實、想像或者記憶，當你記起小時候的無力感時，就會在當下又重製一次那些感受；但若記起的是自信和寬恕，所重製的就是這些感受。想像自己成功完成某項任務，這樣的想像會在大腦中連結出若干神經路徑，最後促使當事人果然成功完成任務。所以當你在意識中體驗到新故事腳本的演出實況，等於開始訓練大腦接收到以勇氣來行動的力量。

然而請謹記在心，你的夢想必須大於一個簡單的心願，它必須超越單純的幻想或慵懶的綺想——必須能實際反映出心和靈魂，因而觸及內在勇氣的力量泉源，最後促成了行動。

意念的力量

代表積極、勇敢之夢想的另一個詞是「意念」。意念是靈感與轉化的火苗，是驅動人們行動的熱情。它指的是心靈中一股強有力的渴望；渴望所愛、渴望上帝、渴望回到自我最終歸屬的家、認出自我在宇宙間的角色。意念可以說是靈魂的勇氣。

當我們接引內心意念的泉源，所體驗到的第一件事就是平靜。許多靈性傳統提到，人們必須透過祈禱或冥想，才能夠找到平靜（兩者都是強而有力的途徑，也是我個人每日必做的功課）。我們可以在內心找到「寧靜的角落」，在那裡，繁瑣的世界消失，一切歸於靜止；在那裡，個人不再與神聖分離，所存在的只有無限與上帝。然而我們所感興趣的，不僅在於找到內在的平靜，我們還想把那份平靜帶到這個星球。

當人體驗到內心的平靜，你不會在市民廣場上剛結束一場對戰爭的抗議活動之後，回到家卻開始責怪起伴侶忘記到小超市添購必需品，或者抱怨起周邊所有的人都不體貼也沒能力。靈魂中有了平靜的意念，就能夠在每一刻都表達出平靜，無論那是多麼微不足道的事情，即便像是肚子餓了而冰箱空無一物這種小事也是一樣。你生活在平和的夢想之中，並且看著它在現實生活中展現，它會快速而自然地抓住每一個機會，把內在的寧靜特質外顯在現實世界裡。

意念之所以擁有如此強大的力量，是因為它來自於宇宙本質。事實上，意念是一切萬物最原初的狀態，那是自從大爆炸後消失的一切，是一股讓整個宇宙從一個不過針尖大小的點擴張顯現的力量。我們可以觸及這股萬物最原初的力量狀態，利用這股力量來化夢想為真實，最後成為偉大的治療者和構築夢想者。然而，有些人會為了個人的私利而受到此力量的引誘，不惜犧牲他人的利益而成全自我的欲望和榮華。

任何一個人都可以觸及這股意念的龐大力量，其困難之處反而在於，如何有智慧地運用它。世界上最恐怖的獨裁者和最受敬重的聖者，都接觸了這股力量，他們或許以別的稱呼來稱謂它，譬如「信念」、「祈禱」、「恩典」等等。那驅使泰瑞莎修女奉獻出自我來照護印度貧民的就是一股意念，但那也是促使希特勒勾勒出心目中強大的祖國，並發動可怕的暴力手段來打造其想像世界的動力。

只要心中一直保持平靜，你會發現，縱使自己置身於艱難的局勢，仍舊可以輕易地表達出平靜的力量。譬如，當一個人懷著敵意，正想將憤怒發洩於你身上時。你可以自始至終對各種無法預知的可能性保持敞開，信任自己必將找到勇氣，以善意、創造力與愛來面對。意念使人得以盡情地夢想，並接觸到不可見的源頭，宇宙會開始為你的福祉運轉，讓現實反映出你內在的平靜狀態。

意志力是我們試圖驅使世界順從個人想法的一種心理機制；而意念則是我們以創造力和勇氣去構築夢想的機制。意志力是當事物（事態）已經存在或顯現後，人們才設法糾正或修改；意念卻是在事物（事態）尚未顯現前，將其型塑出來的力量。兩者都很重要，但構築夢想只能透過意念達成。

透過意念構築夢想，乍聽之下似乎不太自然，因為我們被告知如果要完成一件事，就得要動手去做——也就是說，我們最好「全神貫注」，且開始努力工作。我們被教導正面思考的力量，被鼓勵不斷複誦今年想要贏得的業績或未來伴侶的長相，如此就能達成願望。許多人發誓，向宇宙提出訂單，彷彿它是一個偉大的服務生，的確有效，但那些人通常還忽視一件事，那就是他們時常點魚排，宇宙卻送上一個漢堡，或確實送上一份魚排，但隨後卻附上一張他們負擔不起的帳單。

在某些極罕見的場合，期許宇宙給與所求確實奏效，但那只是因為那心願恰巧深植於靈魂中有力的意念。靈魂並不在乎你盤中所盛為何，或者你銀行存款多少；它更為關心的是你是否在這世界裡發揮了自身的天賦才能。如果你的意念是有關於療癒，那麼你極可能會是一名醫療研究員，最終因為發現了治療癌症的方法而揚名世界，你的靈魂也因此得到滿足。

如果同樣的意念，最後卻只是讓你變成一位個性隨和、好相處的人，因為你時常鼓勵身旁的人保持愉快的心情，你的靈魂同樣感到滿足。靈魂向來不居功，也不計較和宇宙間的合作是否如藝術品般完美呈現，它需要的只是拿起吉他，隨神聖即興奏上一曲。

融入偉大的願景

雖然意志和願望有時能充當極有助益的嚮導，塑造出意念在這世界表達的方式，我們仍必須讓夢想自行展開。我們不必要努力去設想，究竟意念將會以怎樣的方式呈現。

當薩滿第一次帶我飛翔，那時我就像美國的許多年輕人一樣，嘗試跳脫生活的常軌，希望透過向外探索，尋求對個人生涯的洞見。當時是一九七〇年代早期，許多穿著牛仔裝的年輕人背起行囊到文明古國祕魯去探險，他們要找尋的是在家鄉所沒有的答案。

無論如何，地球守護者有一個偉大的夢想，他們想把其思想傳承傳播給西方文明世界，他們在我身上看到的不僅是一位研究員，而是一個潛在的傳播者，可以協助他們工作。他們擁有意念，且在我身上看到了機會，利用我作為其傳聲筒。他們看到我是一名受教育的白人，和其他受教育的白人有所接觸，這些人（在他們看來）有能力改變這個漸入險境的世界。薩滿們已然覺察，我可以將他們的教誨帶給他們所接觸不到的人。

雖然這意念強而有力，我仍不確定自己能成為一個西方世界的薩滿，我真能擔負這樣的工作嗎？過去我的所有經歷似乎皆與此無關，到那時為止，我被告知的只是，我是移民之子，而且整個家族早已失去一切有價值的物品。我的父親曾與古巴政界有所聯繫，是一名重要人物，現在則是解職在家。在我事業草創初期，我的態度是：「若我的父親無法在這新國家裡找到屬於他的一席之地，那麼我可能也沒這個能耐。」

之後當我遇見祕魯當地的地球守護者，我仍以為自己不過是醫學人類學者，來此做研究，只是為了完成我的學術論文。自從我用一種切合當代又兼具詩體的語言形式來撰寫薩滿的智慧之後，我必須對抗校園內和學術界對我的諸多批評，他們認為我的言論太不科學（那位認為自己在建造大教堂的石匠，顯然無法在那群工作者之間交到許多朋友）。

隨後幾年，我的著作漸漸被幾所地區性大學採用，作為教科書。我也數度帶領一群人到祕魯做靈性探索之旅，最重要的是我在西方世界裡開始培養其他薩滿，這些人分布於衛生單位、企業、學校，他們即將把能量治療的概念和方法帶到其家庭、服務機構以及世界各地。在我第一次遇見地球守護者時，我能夠做這些事情的可能性早為他們所見，但我自己卻完全不曾想像。如果那時有人告訴我：「這會是我未來即將做的事。」我可能會嘲笑起他吧！

和我共事的那幾名地球守護者，果然找到一位通往文明世界的使者，達成了心中的願景。他們不從事細節的掌控，他們並不設法找出誰才是最佳的傳信者，哪裡可以找到這樣的人，或者該如何測試他，以保證他就是最佳的人選。他們不仔細規畫如何傳布有關作為大地之母服侍者的精神傳統，他們只是有此傳播智慧到文明世界的意念，當機會顯現時便抓住它。對我而言，這一切是未知，我的出現恰巧是一個機會，薩滿認出這一點，因為他們的意念非常清晰，絕未被個人的意志或私我所蒙蔽。他們邀請我加入一個偉大的計畫，是我個人先前從未想像過的……

拋開想要掌控結果的欲望，單純為偉大夢想的展開來服務，單單這麼做便已經強而有力。舉個例子，過去南非的黑人領袖曼德拉在獄中服刑二十七年，期間他僅全神貫注於一個意念，即創造南非「後種族隔離」的新紀元。在他的夢想裡，南非的黑人與白人都應享有同等的機會，這兩種人應共同合作，打造一個平和的國度，小孩能在這裡自在成長，所有人都在和平中過日子，享有健康與富足。他大可以鎮日想著，要離開監獄、以行動影響眾多追隨者是多麼不容易；然而他不這麼思索，他只是把自己浸淫在構築夢想的過程裡。

我揣想他當時的景況，當歲月流逝，日復一日，年復一年，對曼德拉而言，要繼續堅持自己的夢想而不感到絲毫恐慌或絕望，必定愈來愈困難。但是因為他的勇氣，他的勇於夢想，當那一刻終於來臨，他走出監獄，以一種難以言喻的力量鼓舞了追隨者，南非於是準備好迎向蛻變。

共同築夢的夥伴

有時我們自認為是森林裡孤單的精靈，那樣的孤獨感使我們忘卻，身旁可能圍繞著一群企盼與我們共同築夢，並且可能協助夢想成真的朋友。為此，許多人提到一部令他們印象深刻的電影〈日正當中〉（*High Noon*），那是一部講述一個美國中西部小鎮的警探，為堅持其判斷，甘願被鄰里、朋友甚至妻子離棄，冷靜等待機會來臨，最終正確出手、制伏小鎮敵人的故事。故事當中，雖然沒有人相信這名警探的推測，但他還是不放棄自己的信念，堅持到底。

只要有勇氣，我們可以放掉孤芳自賞的本位主義，把膽怯放在一邊，與他人共同合作創造及實現夢想。請記得，只要放掉心中居功的欲望，便無事不能達成。對於本身個體性的察覺、對於自身與母體無限的分離感，不過是一種幻覺，它阻擋在前，使我們無法探觸構築夢想的意念。

人只要耽溺於私我的層次，便只會在意自我的需要，而不顧他人的願望。我們總是希望別人放棄其信仰系統、擁抱我們的價值觀、用我們的生活方式過他們的日子，因為人們喜歡相信，這樣就可以解決世界的問題。這不叫作構築夢想；這只是試圖逼迫宇宙順從個人執著的想望。

足以說明此舉的最貼切例子就是保羅・伍夫維茲（**Paul Wolfowitz**），他正是伊拉克戰爭的首席策畫者，也是世界銀行的前任總裁。伍夫維茲的內心總是縈繞一個構想——想要拯救這個世界；首先是把民主帶到中東國家，接著是打擊非洲政府的腐敗。但是當他著手追求這些目標時，卻實際上疏離了每一個他想要幫助的人——尤其是當他驅使美軍發動某些人所稱的「第三次世界大戰」，也就是所謂的反恐怖主義戰爭，結果卻改變了世界對美國的認知，大家原本還認可美國是聰明的老大哥，現在則沒有人不認為它是惡霸。

就如伍夫維茲，人的傲慢心理總促使他自作聰明，自以為知道怎麼樣才是對別人好，認為自己不需要與他人共同合作。然而真正夢想的構築卻起始於自我能與他人及世界和諧相處。我們在和諧中認知到自我與他人的連結，並且更甚於此，我們體驗到和諧。我們不再覺得自己是與大海分開的一滴水；當我們漸漸看不清自身在何處結束而大海從何處開始，我們的界限消失了。我們洞悉了自己是大海的一部分，參與了岩石稜角的琢磨和蝕刻峽谷的鬼斧神工，但我們不需要得到一面金牌，上面刻著：關於這座峽谷，感謝某某人的慷慨贈予。

在這樣的和諧中，我們仍能保有對自我的認識，保有個人的喜惡、意見，這些對於我們體驗合一感並不造成任何干擾。個人所關心的事退居第二位，第一位則給了最大的福祉；正如人體中，心臟支持整個身體的運作，但本身卻是單獨的個體。我們可以認可自身的天賦、才能、技巧，將它們充分發揮出來，卻不必因此自我膨脹，試圖改變他人來順從自己。

與萬物合一

為了能夠接引意念的力量，我們不僅要與人性連結、與人類的故事連結，還要與自然、與萬物連結。與萬物合一之感，包括了與河流、樹木、蟋蟀的合一。個人的故事應當更為擴大，包含了星辰、銀河。我們必須察覺到自我與宇宙萬物的連結，如此意念的能量方能流過我們，如同銀河的風。正如美國西南部的女藥師對於他人問及她是誰的疑問，她會回答：「我是風，是紅色的岩石，那夜空中閃爍的星也是我。」

人們也時常陷入一種「破除舊習主義」的噩夢中，總覺得沒有人真正了解自己的經驗，也沒有人懂得我的夢想。或者，即便相信確實有人同意我們的想法，仍不認為自己可以找到他們，因為這樣的人太少了，也或許距離我們太遙遠，或是他們不夠忠誠。這是相當嚴重的切斷連結，一旦這種狀況發生，便觸及不到意念的力量，夢想變成了諷刺，成了偉大的陰影。

我們對於自己無法達成心願編造出各式各樣的藉口，其中最為普遍的藉口就是：「問題就在於那些人，如果他們用我的方法做，就不會有這種問題了。」

我們開始覺得自己像是不被了解、不受感謝的殉道者，費盡如此崇高的心思想要拯救世界，卻得不到尊重與感謝，甚至還被踐踏。

當我們覺得自己得不到感謝，或是一路走來孤單寂寞，就像電影〈日正當中〉裡的警探或是唐吉訶德，那便又是自己所製造的另一個噩夢。即便在這個資訊爆炸的年代，人還是可以不斷說服自己，說那些能夠與我們共築夢想的人離自己太遙遠。現今許多民間力量的集結，不就是是透過先進的溝通科技，如此世界各角落的男男女女就算見不到彼此，也能連結起來。

在溝通科技尚未發達的過往年代，人們也發現了各種方法來保持連繫、互通訊息，一同構築夢想。譬如戰後嬰兒潮的那一世代阻止了越戰的延續，他們用的不是手機，不是網際網路，也不是傳真或電報。而在美國的經濟大蕭條時期（一九三〇年代），一大群南部大平原區的農民被迫放棄辛勤耕耘的土地，攜家帶眷出走已陷入漫天沙塵的家園，向西遷徙，在路途中彼此相互扶持、相互鼓勵，他們分享的不只是食物、居所，也分享希望。

人們傾向於過度想像一個集體的夢想該如何顯現，耗費太多精力擔憂誰該進入委員會，那無異是庸人自擾。像一九三〇年的經濟蕭條年代，那些自平原區出走的「奧佬」（Okies，因多數來自奧克拉荷馬州），並未花時間去討論馬克思理論中有關勞工一致性的部分，也並未思索集體勞動的社會與心理面向，以及什麼是有效的溝通技巧等等這些事，他們只是在臨時搭起的帳棚內與他人分享手中的食物，傳遞關於何處有工作機會的訊息，關照彼此的小孩，共同想像一個未來的家園，他們將在那裡重新安頓下來，讓一家老小生活無虞。

當我們孵化出意念，讓勇氣自然流過，便找到了方法與那些可以與我們共享遠景的人連結；我們大可以放心地信任這個過程：夢想會自然地一個傳一個，我們完全不需要在現場監督它的傳遞。

譬如在二十世紀中期，一位芝加哥的報紙發行人在其出刊的報紙上印行了火車時刻表，因為他希望鼓勵南部地區非裔美籍的佃農，向北部地區移居，到大城市如芝加哥的大工廠中找工作，為自己創造更好的生活。那些雇用佃農的地主當然非常不認同他的作法，這種對其勞動人口的邀請令他們非常不安，於是他們在小鎮上發起禁賣這家報紙的行動，沒想到此舉竟引發接連的效應。在鐵路臥車上工作的非裔美籍服務生，乾脆與南部鄉間地區的百姓合作，在火車緩緩駛經鄉間的途中，沿路丟下一捆一捆的報紙；那些早已等候多時的鄉村佃農們拾起報紙，就趁白人地主不在的時候，分送給其他人。

就如上述的景況，當我們創造出一份意念，人們會自然形成一連串的行動網，我們根本不需要插手。在我們與夥伴共同構築夢想的時候，必須拋開心中想被知道自己是意念的草創者，或是那一個使夢想成真的關鍵人的私念。我們或許是那第一百一十七個加入的人，但從未被識出。只有私我才會在意自己的角色是不是那「關鍵人」，或者他人究竟知不知道我所做的事。靈魂只會興奮地等待夢想實現的那一刻，它才不在乎是否有人知道我做了什麼偉大的事。

量子的訊息傳遞

想與夥伴們實現集體的夢想，我們擁有一種非常重要的資源，那就是量子訊息傳遞。量子理論說的是，某些訊息交流的形式是我們的感官所察覺不到的，但卻非常真實，它使我們與他人保持連繫，以此共享及實現有力的夢想。這一類的溝通在日常生活裡時時發生，絕對不僅是物理學的次原子領域中的特殊現象而已。

舉一個生物界的例子說明。有一種叫藍雀的聰明鳥類，牠們在數十年前發現了一件特別有用的事，就是只要用鳥喙輕啄牛奶瓶口的錫箔紙（這些牛奶瓶常放在全英格蘭各家庭的門院處），就能喝到浮在牛奶上層的奶泡。

一開始，只有一些鳥被人們指出啄破了錫箔紙，很快地，全英國的藍雀似乎都習得了這項技巧，好像學習到這法門的藍雀一旦多到一個數量，這訊息就瞬間在鳥群間傳布開來（這種狀況正類似所謂的「第一百隻猴子現象」，當某一座島上的猴子發現先洗去蕃薯上的沙子再吃下的好處後，很快地這消息就在猴群間傳開來，甚至傳到另一座島上的猴子）。

由於二次世界大戰時的物資短缺，以錫箔密封的牛奶瓶有八年的時間在英國各地消失無蹤，因而那一代學習到偷牛奶喝的藍雀也都已陣亡（藍雀的壽命平均僅約五年），改由新一代不熟悉此技巧的藍雀上場。縱使如此，當以錫箔密封的牛奶瓶再度出現於英國各地時，為數眾多的藍雀幾乎又即刻開始啄破錫箔紙來偷喝牛奶了，彷彿其身體內的基因記憶已被其前一代父母或祖父母的發現給更改。

更甚的是，知更鳥也被人們發現學會了同樣的技巧，只不過數量沒那麼多。所以有人就認為，鳥類的社會化行為是解答此一謎題的重要線索：知更鳥通常是成雙成對的，但藍雀卻常是一大群聚集在一起。顯然，長時間和一大群同夥在一起的習性，使得藍雀可以很快把新適應的行為訊息迅速傳播。

生物界的現象對人類的啟示是，當我們隔絕與人群的接觸，就得花較長的時間來跟上別人的腳步，或抓住機會改變世界，但如果我們持續保持與較大群體的連繫，經常成為某些社群的一份子，便能以較快的速度交換智慧、學習並協助彼此。

有一次，我在紐約曼哈頓中城的一條繁忙大街上行走，時值交通尖鋒時刻，人群來往匆忙。這時，我看到前方的一位年輕男子正對著一名看來像是其女友的年輕女性大吼大叫。頃刻間，一大群衣冠楚楚的上班族男女擁上來，他們原本往上城的方向走，突然間形成兩個大圓圈：一群圍繞著那名男子，另一群圍繞著女子。那群圍繞男子的成員全部為男性，他們個個像是豁出去，要不是吆喝那名男孩動手打他們，就是勸他冷靜下來，遵守適當的街道禮儀。另一個圓圈，由女性和一些男性組成，聚集在女子周旁，充滿了保衛的姿態，一些關心的人頻頻問她：「你還好嗎？」

那群人的行動果決迅速，有如鳥群瞬間改變飛行的方向，當中沒有一個人感到恐懼、害怕自己受傷，或覺得應該有人（當然不是我，而是某個人）在女孩還沒受傷前對那兩人採取行動。他們反而彷彿感受到一股集體的力量，每一個男人和女人都採取了行動。那一幕真是壯觀，我想像，當時每一個干預的人必然都感到，自己有能力做什麼而突然浮現行動的勇氣，因而能夠為公眾的利益迅速果決地聯合在一起。

人們本能地與他人聯手護衛，特別在危難的時刻容易顯現出來，但我們不必等待某一個特別巨大、戲劇性的時刻來感受那股奇妙的力量，或者與某種比自身更大的東西來連結。即便在非常微不足道的短暫片刻，我們也能做到，只要改變我們的觀點。下一章就來談談這個方法。

(請2小說「在書店裏一美人」)

不令煩惱。

吉本才女

為何之談

(夜宵)

98、1、30 深夜 (父)

「大阿之舞」之夢

(吉本之の)

變女角、困於...

(世界文字...)

迷惘、代補、自力

(無相助、下流!)

D. Who 「新聞」

(BBC) 製作

外星人 (處中相)

變身?

第四章
意識的四個層次

Courageous Dreaming

當一個人凝神專注於一件事，縱然只是一葉小草，那一刻它將變成神奇、令人讚歎、難以言喻的宏偉世界。

——亨利・米勒（Henry Miller）

人類大腦有四種意識狀態：㈠平常醒覺的狀態；㈡作夢時的狀態；㈢無夢睡眠狀態；㈣將要醒來或將要入眠的清晰狀態。我們醒著的時候，是處於第一種意識狀態，隨後一旦進入睡眠，意識就滑了出去。但地球守護者就不是這種狀況，他們可以在作夢的時刻仍舊保持醒覺，並且還可以隨其喜好導引夢的方向。這些男女巫士早已精通了這種藝術，能夠在睡眠時保持醒覺，他們還認為，一般人就算看起來醒著，實際上卻是陷入深度的睡眠。

能夠在不斷變換的四種意識狀態中，持續保持清醒的能力，對於構築自我的人生夢想，以及打造我們所喜好的世界，是非常根本和必要的。

在文明世界裡，我們相信，醒覺狀態是唯一可以體驗現實的意識狀態，但是在印度、西藏、美洲的靈性傳統裡，他們認為平常的醒覺狀態是四種意識狀態中次於最佳的一種；在這種狀態下，人們容易被幻覺所欺騙，因此他們極力強調一種更高的意識狀態，及另一些更有益的意識狀態存在的重要性。包括瑜伽、冥想、薩滿的時空遊歷等等練習，都可以引導我們經驗這些狀態，人們甚至可以在接受密集訓練和培養之後，嫻熟這項技巧。不過行為科學家卻認為，直到今天，非平常醒覺的狀態，總會使人對現實做出病態、錯誤的詮釋。事實上，關於精神病最普遍的定義就是，某人覺知到扭曲的現實，但卻不知道他的覺知是扭曲的。

人們最重視的平常醒覺狀態其實是最不理想的，它實際上常使人深陷心智的思維裡，以及心智對於現實的真正本質所製造出來的幻覺。這幻覺是如此強而有力、無遠弗屆，因而能消除所有真實的知覺，把我們困在古怪奇異的心理對話上，一旦困在裡面，便很少有人能夠把自己拯救出來。這就是我們長久以來被教育養成的文化夢魘，只有在心智開始變得僵化、呆板時，我們才認出夢魘的可怕。

我相信，一般尋常人都是睡著的，並且還正在作夢，這些夢很快就會轉為痛苦的噩夢……這就是真正的「精神病」了。我們想盡辦法也看不出來，因為身旁所有的人都堅稱，所見所聞的日常生活就是現實。只有在我們開始從文化夢魘中逐漸醒來時，你才會發現，原來自己一直都在沈睡著。

透過嚴格的訓練，我們可以漸漸明瞭、洞察大腦內意識的運作情形，進而體驗到真正的現實，這現實大大超越先前你對於世界的觀察，彷彿自己之前根本是以管窺天的井底之蛙。此訓練主要包括對個人感官知覺的琢磨，與瑜伽、冥想所著重的練習是相同的，還有一些是你即將在本章中習得的技巧。

接下來幾個練習的設計，是為了幫助你保持清醒的意識，無論你是醒著、睡著還是在作夢。你是否注意過，你的夢在你醒來的那一剎那就消失無蹤，其褪去的速度奇快無比，令人驚異！前一刻，夢裡的景象還那般栩栩如生、鮮活、清晰、難忘，下一秒鐘，卻絲毫記不起剛才到底夢見什麼。因為那一扇知覺的大門瞬間關閉，此刻你只被限制在單一的意識模式下來覺察。經過訓練之後，你慢慢能夠了解，大腦有一種更高的意識狀態，它能夠包含較低的意識層次，在這更高的意識狀態上，你能自由遊走於作夢和清醒之間，不必擔憂失去那一界面的意識。

在我們練習印加傳統的化夢成真技巧時，以上四種意識狀態——醒覺狀態、作夢狀態、無夢睡眠狀態、將醒未醒的清晰時刻，都會用上。大多數的人在大白天裡也都會經驗到這四種狀態，只是多數人不會注意到。我們可以看起來醒著，實際上是在睡覺；也可能在作白日夢；穩定開車時陷入完全的清晰時刻，偶爾正在聽的一首音樂會穿透進來；也可能正熟睡作著鮮活逼真的夢。我們的任務不在把平常醒覺的意識帶到作夢的狀態，而是反過來，把作夢的意識狀態帶進醒覺的時候，在那裡我們就可以發覺：「人生不過是一場夢」。

以上四種狀態中的每一個，在我們構築夢想、化夢成真的過程裡都有其特別的功能，並且個別與地球守護者的四種原型動物相關：老鷹、蜂鳥、美洲豹、蛇。老鷹與無夢睡眠或靜止的狀態有關；蜂鳥代表作夢狀態；美洲豹代表介於睡眠與醒覺之間的時刻；蛇則是平日的醒覺狀態。

神經科學家已經了解到，大腦不同的區域可以分別在不同的意識狀態下運作，而且它也可以同時在四種意識狀態下運作。關於這點，最顯著的例子就是海豚。海豚睡覺的時候，每次只有一半的腦睡著，另外一半的腦必須保持醒覺（海豚睡覺時，牠的大腦不能全部睡著，因為牠的呼吸功能與人類不一樣，不屬於自律系統，因此牠的另一半腦必須保持清醒以維持呼吸）。

我們的大腦鮮少在四種狀態中的任一個中，用最高層次的能力來運作，反而是最常在最低的層次運作。所以儘管美洲豹的意識是清晰、合乎邏輯、連貫的，卻經常含混糊塗，充滿了不必要的想法和情感。愛因斯坦說，沒有一個問題可以在它被製造出來的層次上獲得解決，所以學習提高我們的意識層次、嫻熟每一個意識狀態的技巧是很重要的。要達到這個目的，必須努力了解這四種狀態中的每一個，如此才能構築夢想，並在這世界裡將它實現。愈能掌握大腦與意識之間的關連，愈容易了解這四種知覺層次或意識層次是如何共同合作，促成我們在這世界的行動。

意識與大腦的關連

根據神經科學家的研究，大腦是人類意識的源頭。我們知道，當大腦皮質的某一特別區域受到刺激，它會製造出一個超出肉體之外的擬態經驗，甚至製造出一個感覺，好像能夠看見遠方的景象。研究者很少考慮到一種可能性，即人可以察覺到自己浮出身體表面，或目睹一個遠方的事件，不是因為大腦生出幻覺，而是因為那事件確實發生。人們把這種現象解釋為大腦內的灰質出現短路，以此安撫內心的驚異。

近來的許多研究已慢慢導向一個理論，他們說，即便是對於上帝的信仰，也是大腦內某些特殊結構所生出的良性副作用，這作用是為生存的理由才顯現的。也就是說，那是一個意外，與建築史上圓柱的發明同樣是一個意外（美麗圓柱的出現完全不是計畫中的構想，那是在一連串哥德式拱形結構被建造出來後，不經意的創意）。

對一般科學家而言，意識可能刻意而慎重地打造出大腦的必要結構，以便能夠察覺到它本身，這個概念應該是反向回去的。但我們確實知道，心理會強烈影響大腦的結構。

舉一個例子，大腦受創可能會導致人喪失某些語言功能和行動能力，但是藉由不斷重複做肢體和認知的練習、復健，大腦會重新建立起神經的連結。花多年時間潛心於靜思、冥想的佛教僧侶，其腦部透過PET掃描（一種呈現腦部活動的顯像），顯現的結果和其他人不太一樣，他們的大腦處理現實的方法也和從不冥想的人不同。顯然，我們擁有運用意志、心理來療癒和影響大腦的能力。但哪一個先呢，是大腦還是心理？

靈性傳統向來就與科學相牴觸，因為它們總是以相反的方向在尋求身、心、靈之間的關係。他們告訴人們，心和意識是創造一切物質的源頭，並非反過來，先有物質，再從中生出心和意識。根據大多數的靈性傳統，意識並不會從太初一大團不具智慧的混沌裡生出來。也就是說，心不會從無心的物質裡生出；而是「大靈」（Spirit）混合調製了宇宙的混合物，萬物於焉生出。靈塑造了能量的藍本，這能量藍本進而顯現出宇宙萬物。太陽系、銀河系以及每一種存在的生物，都有其能量藍本。希臘人稱此藍本為「Logos」，東方的中國稱其為「道」，某些宗教則稱呼它為「世界之靈」。

個人身上的能量版本（或稱靈魂）就是發光能量場，如同人身上的DNA，其上載有有關我們是誰及過去所有的經驗。然而不同於DNA以化學鍵結合來儲存訊息，發光能量場則是用光和振動來儲存故事。或許天體物理學家遠較其他人，更能夠了解光攜帶訊息的效力。事實上，我們對遙遠銀河的唯一認識就是透過光，光穿透了廣大無垠的外太空，射進人類設在天文台上的望遠鏡。研究者發現，發光能量場中的光能細胞，以一百赫茲的功率發出光振動，也就是每秒鐘一百次。

發光能量場如同一套軟體或一套指令，它會通報DNA（即硬體）製造出蛋白質，以構成人體結構。科學家告訴我們，DNA密碼由四種鹼基組成，它們是腺嘌呤（A）、鳥糞嘌呤（G）、胸腺嘧啶（T）、胞嘧啶（C），這四種符號的各種排列便衍生出萬物這偉大的詩篇。每一種生命都由DNA構成，DNA大概是這座星球唯一的生命形式。

DNA密碼上載有與個人基因歷史有關的訊息，它指示細胞和組織如何進行分裂複製，發光能量場與此相同，它也採用一套密碼系統儲存個人過往的一切訊息。和DNA一樣，發光能量場也以四個符號來組成其密碼；薩滿們用老鷹、蜂鳥、美洲豹、蛇這四種動物來指示這四個符號。

讀者可以把四種動物想像成代表發光能量場的四個層次，四層能量體當中包含許多印記，印記當中儲存了故事，譬如父親從小告訴你「你不會有什麼成就的」這一類。此一訊息就會以類似立體攝影的影像形式刻印在能量場上，但依據每一傷口嚴重性的不同，可能烙印在蜂鳥層、美洲豹層或是蛇能量層裡；也就是在靈魂、心理、身體上。老鷹層永遠不會留下印記，因為那裡是至高「大靈」的所在。

發光能量場是身體的藍圖，你可以透過移除（發光能量場裡）訊息中的錯誤來治療他人或自己。一旦能量藍圖被淨化，那人就會回復健康。如何做呢？必須從大靈所在的老鷹層來進行。大靈的存在先於能量和物質，原始的太初境界，一切只有空無——然後祂孕育了宇宙，並逐漸顯現萬物。在一些原住民的信仰裡（如澳洲原住民和美洲原住民），大靈與萬物是無法分開的；大靈是父，也是母，是孩子，也是雙親。生命本身就是藝術；星系、星辰、地球是曼陀羅（**mandala**）；天空是畫，也是作畫的人。

地球守護者或許會同意古代希臘人的想法，他們認為，真正的原創力和創造力，並非來自人類的心或大腦灰質內的生化反應，而是來自大靈。古希臘人相信，掌管靈感的繆思女神負責創造所有原始的概念，而人類只能針對原始創意做出些微的改變。所以當繆思構想出一張桌子作為人們共享食物的場所時，人類所能做的，只是製造出一件家具，稍稍改變它的外觀和功能而已。

如果確實真正的原創來自於與每一個人所連結的大靈，那麼化夢成真的過程事實上便起始於大靈的領域，也就是老鷹的層次。這裡正是察覺到自我為無限之一部分的地方；我們擁有力量，甚至被授權共同創造宇宙。

多重現實的意識狀態

我們所要做的只是儘管去夢想，其餘的部分，這世界自會按照我們的願景安排；不過築夢還需要在意識的四個層次上做出實際的行動。

譬如，你正端坐在自家美麗的花園中冥想，體驗祥和與平靜，這時對街有一個人正準備改變這個情景。他看來氣沖沖地正要朝你家走來，因為你誤把一個垃圾桶放在他家的草皮上。這件事或許不那麼重要，因為你正處於冥想的祥和狀態，但在蛇的現實層次上，那樣的干擾非常真實，可能導致身體或情緒的不安。

由於現實不只一種且同時存在，儘管你現在處於較高的意識層次，也必須顧及物質世界的需要。在更為崇高的蜂鳥意識層上，你可能正體驗到平靜，但仍得要保持對環境的警覺，查看一下究竟你把垃圾筒遺落在哪裡。處理這樣的事情，而不是繼續保持在較高的意識層次、讓垃圾自行得到安頓，似乎有些偽善，好像不信任大靈的力量，但若你想在現實世界裡生存，一個你身為其中一份子的地方繼續活著，就要持續對環境保持注意，縱使你正專注於創造內心的平靜。

耶穌有一次提到，我們必須在多重現實中存在的必要性，當他說到我們必須活在世界「上」，而不是「屬於」這世界。人們問到是否要付稅給羅馬政府的問題時，他回答：「把需要給凱撒的物品獻給凱撒，需要給上帝的就獻給上帝。」（馬克福音12：17）。換一個方式說，上帝或許不需要你按時奉獻金幣銀幣，但如果你不繳納稅金，就可能得跪在人行道的枕頭上祈禱和冥想。

我曾經遇到一個案主，其家族有很長的心臟病史，在一次療程上，我毫不驚訝地發現，其發光能量場中有一個黑點，就位在其心臟上方。我向他解釋：「醫生還沒有發現你心臟方面的問題，因為那能量場中的印記尚未滲透進你的身體層次，因而現在我能夠幫你進行清除印記的工作。」但是我警告他，那個部位會繼續出現一些困擾，如果他不願意徹底改變生活方式的話：包括在蛇的層次上改變為低脂的飲食和多做運動；在美洲豹層次上找到紓解情緒壓力的出口；在蜂鳥層次上尋求人生更大的意義與滿足。這位先生必須在四個層次上同時採取行動，才能真正恢復健康。

現在讓我們詳細探討這四個意識層次。

老鷹的意識

老鷹意識是知覺的最高層。大腦研究者可能會說，在此意識狀態下，大腦會發出δ波；大腦的活動在此刻非常緩慢且平靜，因而幾乎很少移動EEG（偵測腦波活動的儀器）上的指針。當人進入最深層的睡眠，大腦會製造δ波，在此狀態下，我們不會作夢，因為整個人沈浸在沒有語言、沒有影像的境界。這就是人們一直想努力進入的境界，如此方能與神聖的能量母質、與宇宙的能量場連結，觸及智慧、力量與創造力。佛教徒稱此境界為「空」，地球守護者則稱它為「平靜之地」。

老鷹可以上升到山谷的最高處，盡覽綿延千里的起伏地勢，卻又可以迅速俯衝到地平線上，以利爪攫獲老鼠。老鷹是代表知覺最高層的符號，在那最高知覺上，人可以看到全景，同時可以看到細節。在老鷹層，我們體驗到自己是全知全見的神聖力量的一部分。

老鷹層是大靈的領域，是萬物尚未顯現之處。我們一旦觸及這個狀態，就會進入「曾經感」，一個時間不存在的境地。在這個境地裡，每一件事物只以機會性存在；事物擁有的是潛力，躍入所謂「現實」的潛力。在老鷹層上，我們可以遠望未來，也可以回顧遙遠的過去，獲悉一切我們在尋常意識底下所不知道的事。

我們可以將意識浸淫在時間之河中，遊歷至那湖中滿是貝類的時空，那些貝類盡情消耗浮游生物，導致魚類死亡，水藻卻生長猖獗。我們可以冷靜目睹發生的事，卻不將它視為「問題」；只是客觀覺察周圍的一切，了解自然如何與其自身互動。認出自己與貝類、魚、水、海藻並無分別。在那萬物合一的境界，我們不會感覺要對事情做什麼修整或是把它除去，因為所有的事情都是自然的一部分。我們是世界之美與複雜的一部分；看不見之間有什麼分野、界限，是造物主，也是造物。

在老鷹層次上，我們看得見未來的自己會發生什麼遭遇，那結果起因於自己所做的人生抉擇。也看得見死亡橫陳在前方，以及我們沿著這條遊歷之路所經歷的人生起伏。對於這條道路，我們不會感到焦急、恐慌，急於想去修改這條路。只是冷靜觀察、接納，隨著每一次生死的循環，每一次誕生、毀滅、再重生，體驗到與萬物的合一感。

我們可能注意到自己目前的行為，將會招致未來的某種後果，譬如因為消耗大量高脂、高糖的食物加上久坐不動的生活習慣，心臟病與早夭必已在前方等候。當你明白這就是你的未來，就能在回到具體的現實層次時，依舊維持這個高層意識，心中豁然開朗，因而甘願與命運好好耗著。

蜂鳥的意識

為支持體內快速的新陳代謝，體態嬌小的蜂鳥必須經常消耗大量的花蜜，並且還需儲存足夠的糧食和能量，以應付每年從美加地區到南美洲的長途遷徙。蜂鳥是偉大旅人的象徵，在此知覺層次上，每個人都體驗到自己將赴一趟獨特的旅程。對其中一些人來說，這可能是偉大的苦難；對另一些人而言，這可能是不斷的尋找和發現。無論如何，所有的人都享受得到一趟富於探索且不斷深化的旅程，旅途中，人對自己靈性的本質愈來愈明白，也愈來愈清楚自身的獨特天賦，那是我們可以用來構築更美好世界的工具。

當大腦處於蜂鳥的意識狀態，就等於在心和靈魂層次上運作，這時我們的注意力不在於找尋一百朵花的花蜜，以便今天能夠活存下去；而是專注於我們即將奔赴的旅程。內心浮現勇氣踏上那似乎不可能的五百英里飛行，橫渡廣闊無邊的大洋。飛越墨西哥灣時，不懼怕自己是否在哪一處消失，也不擔心自己飛得不夠高，或找不到下一朵花的所在。只是自然梭巡於每一朵花間，吸取花蜜，專注於內心要完成偉大飛行、迎向自我命運的意念。

蜂鳥的知覺狀態與靈魂有關，靈魂覺察的到大靈棲住在體內。在此狀態下，你不會參加反戰活動，你做的是後退，專注、凝神於和平景象的醞釀、構想，沈思自己可以扮演什麼角色，以及我們的天賦又該如何使用，以促成世界和平。

若是你的小孩患有自閉症，你不會把他想成是一個「問題」，反而是想小孩的未來可以是什麼景況，他的所有家人（包括自己）可以如何安排生活，以符合每個人最大的利益。心中有了完備的概念後，才好著手去實現它。我們會認得出來，問題就是機會，一個促使我們體驗大靈的機會。意念就是在這個層次上打造、型塑現實的。在這裡，我們可以觸及心與靈魂的天賦，它能讓我們勇敢築夢，化夢成真。

蜂鳥的知覺層次與θ波有關，這是我們進入輕度睡眠、作夢或駕車行駛在公路上，陷入無意識想像時大腦的活動。這是一種深邃的創造力湧現的狀態，人們平常醒覺時想不起來的構想，這時候會以符號的形式突然顯現出來。在這個領域，所知覺到的都是隱喻的形式，我們還在此刻了解（不需絞盡腦汁去想），原來畫家在他沈寂的生命中，為何把這一朵花畫成白色，另外一些卻畫成藍色。

在蜂鳥層次上，我們能觀察到心智（美洲豹）和感官層面（蛇）所察覺不到的事。我們可以看到完美，因為明白不同的事件和情勢是如何交織在一起，形成細緻的織錦畫。舉例而言，我們會把離婚視為結束，同時也是開始；是痛苦也是自由愉悅的來源。或者，當我們目睹某人的逝去，雖然感到深深的痛苦，卻也同時體驗到喜悅和敬畏，因為我們在這事件上、在往生者從這一世界通往下一世界的過程裡看到了美。

在蜂鳥層次上，人們可以運用視覺想像來引導意念去構築世界。我們創造出影像——用心之眼描繪出來的夢想，同時心中非常篤定這影像有一天一定會顯現，並且還帶著喜悅，相信這夢想和遠景將會有它自己的生命。就如畫家帶著一股腦的構想走到畫布前，他很清楚自己要畫什麼，卻又勇於放手，任由新的探索與趣意外發生，最終使一幅風格創新的畫從畫筆下自然展現。我們也一樣，可以夾著興奮的期待，欣賞漸次在眼前具體實現的夢想；它就在最佳的時機，帶來驚奇與喜悅。

美洲豹的意識

在濃密潮溼的亞馬遜，美洲豹被視為雨林的守護者與保衛者。牠是最佳的獵捕者，身手矯健、快速捕捉獵物、瞬間改變局勢。牠位居雨林食物鏈中的最上層，沒有其他動物威脅其生存，因而能完全擺脫恐懼。牠對周遭環境的態度是嬉戲的、好奇的，牠小心密謀每一次的獵捕，以保證每回皆成功。

就因為這些理由，薩滿認為，美洲豹的特性，與人類探索、計畫，透過改變觀點使局勢瞬間改變的傾向和潛力，有著密切關連。美洲豹層次是人們思考與感覺的層次，大腦在這個狀態下會放出α波，這個波與冥想、放鬆、清晰夢境、剛入睡或剛醒來時的意識有關。我們在此時能夠構思出使夢想實現的方法，而且還能不時調整計畫來維持自我心中的熱情。

在美洲豹的意識下運作，可以協助人實現夢想，也就是運用心智的思考和情感來實現自我的意念。然而，我們也必須小心，不可受困於此意識狀態下，正如王爾德曾說：「行動是那些不懂得如何夢想的人最後的資源。」請千萬記得，正是思考與情感，以及由其引發而來的一連串無意識行動，才使人陷入受害者、惡徒、拯救者的噩夢循環裡。

人們經常以為，自己夠聰明可以想出問題的解決方法，或者讓自我的情感主導一切行事，卻阻斷了對他人情感與想法的了解，也阻斷自己看見事態的全局。我們堅持自以為是的路線，還因此疑惑，為何會遭遇這麼多的衝突和問題。這就是構築夢想時，未讓夢想去整合思考、情感、行動所發生的結果。

蛇的意識

蛇代表了現實的物質層面，牠沒有思想、沒有情感，只有純粹的本能。當蛇感應到一隻蚱蜢的存在，牠不假思索，吐舌，捲入體內，當中沒有憐憫、沒有思考，不會想到死亡的感覺為何。牠只是做了牠需要做的事——吃掉、消化、滑行、休息——牠不會為旅程計畫，也不會為獵捕來計畫。在這極度物質的層次下，每一件事恰恰就是它所呈現的樣貌：石頭就是石頭，威脅就是威脅，一餐就是一餐。在這意識狀態下，不會衍生出任何思考、情感、隱喻，每一個行動皆出於本能。

處於蛇的意識狀態，有時是非常有助益的，因為本能可以作為人們行動最佳的引導。當你把內在頻道轉為本能模式，如同蛇一般，以最直接敏銳的物質本能來反應，便可嗅聞出危險和機會，確認出自己當下是該相信還是恐懼，藉此採取必要的反應。如果能夠不讓過多的思考說服自己，本能倒是可以協助人們評估情勢，自然而然地做出最必要的事。

不幸的是，在已習於思考的文明世界裡，本能已蒙上灰塵。我們時常會誤信不淑之人，反而把真正關心我們的朋友推開。譬如我有一個朋友，她的直覺本能非常不敏銳，只要舞會上有單身的精神病患，她一定受不了抗拒而被他吸引。經過幾次約會後，必定陷入愛河，然後再過兩個星期，我就會聽到她說，那某某完美先生真是個完美的混蛋。

當一個人受困於蛇的意識層次，表示他完全欠缺可以用來架構現實的夢想，也沒有什麼故事好讓自我的情感有所憑藉——一切只有行動。當一個陌生人不預期出現在他家院子裡，他就會視其為威脅，以直覺行動。當然身為社會的一份子，我們一定會檢驗這種行為，畢竟每一個人都被期許運用常識來行動，而不是立刻攻擊那無意中徘徊在自家用地的陌生人（所幸，在美洲豹層次，人們已經制定了法令規範來約束每一個人的行為，以維持和平）。

站在制高點來架構

我們可以把意識的四個層次想成四個不同頻率的能量體，最外層振動的最快也最輕，包裹著其下幾層較為濃稠的能量，像俄羅斯娃娃，一層包覆一層。大靈是宇宙的母質，祂懷抱其下的個體，就如母親懷抱嬰兒一般，大靈這一層與老鷹的知覺相關。

靈魂就是發光能量場，當中充滿光的振動，是形塑思想、感覺、肉體的藍圖。發光能量場包圍著思考和情緒體，在這一層之下就是能量最濃稠的肉體，肉體就位在四層能量體的最中央。大靈形塑靈魂，靈魂形塑思考（心智）、情感、人格，這些又進而塑造出肉體。肉體並不明白這些是如何組合在一起的，心智則是一想到自己並非這每一層現實的掌控者時，就感到恐慌無助。

外層的能量體雖然包裹著其下的能量層，可是在解釋其意義的時候，卻不能單單用它所包覆的能量層來描述。也就是說，雖然靈魂包含了心智和肉體，但我們不能說，心智和肉體加起來就是靈魂。因此在蜂鳥的層次上，我們覺察得到所有在美洲豹和蛇的層次上所知道的事。

我們可以把這些能量層比喻為生物體內的四個組織層次：細胞、組織、器官、生物。老鷹體內的細胞首先聚集成為組織，許多組織再組合成器官。然而胃當中的細胞、胃壁上的組織甚至胃本身，對於狩獵食物這件事卻是毫無所悉，它們只是在消化過程中扮演好自己的角色。只有老鷹了解獵取食物是怎麼一回事。

雖然每一系統都以完美的動作來執行其任務，但只要老鷹一停止打獵和進食，這些較低下的層次就無法存在。解釋老鷹時，不能說牠就是那些細胞、組織、器官，但老鷹確實包含了這些。較高的層次包含了在它下面的幾層，但不能用它們來定義。意識層次必須提高到一個程度，才能了解何謂狩獵。

四種意識體皆有其特殊的意識類型。在肉體層次，我們所心繫的是進食、交配、打鬥、遁逃。在這裡，驅動力在於「我打鬥／交配／進食／逃跑，故我在」的無意識想法。在心智的層次，驅動力在於「我思，故我在」。靈魂的驅動力則在於了解「我即是我」。在這個層次上，我們覺察到聖性是遍布於自我內外的。

希伯來人用來指稱上帝的字眼「Yahweh」，原本意指「我即是我」，那是一種上昇至思想、感覺、言語之外的意識境界，在那裡，只有詩、隱喻、藝術能夠捕捉得到人類的經驗。在老鷹層次上，並沒有所謂「我」，個體意識並不存在，所有的存在只有大靈。這就是波斯詩人魯米（Rumi）所說：「因為我已停止存在，這裡只有你。」

要勇敢構築夢想，必須先進入老鷹的畛域，那裡是無窮創造力的源頭，然後回返蜂鳥層次，匯集意念的強大力量。於是我們就從靈魂的這一層次開始築夢——詩、隱喻、視覺圖像就是調色板，我們只需敞開自我，接納夢想的展開。運用美洲豹的意識來思考和感覺，你會發現，此刻的思考和情感與夢想是配合無間的，而在蛇的層次，我們也自然而然付出相應的行動。

在每一個層次上，我們都能觸及不同型態的勇氣，幫助我們化夢成真。在型塑周遭世界時，我們必須運用到意識的四個層次；而四種層次的勇氣則讓我們真正付諸行動，改變世界。

98.2.1 凌晨

(台灣佛教)已變成兩個 [illegible]

聖嚴 [illegible]

(青年佛學出家人 / 社會地位 [illegible])

通用名稱 ([illegible]人[illegible])

(見諸:中華文化 [illegible] 佛教人士 [illegible],參照……)

[illegible]二年

[illegible]

([illegible])

依教、修行之[illegible]

台灣佛教[illegible]之年

([illegible]、聖、修行[illegible])

第五章

喚醒靈魂的勇氣

Courageous Dreaming

古怪的是，在我們這個世界，肉體的勇氣很普遍，道德勇氣卻非常罕見。

——馬克吐溫

作為物種之一，人類算是十分勇猛無敵的。自從第一次在地球上出現，人類就倚仗著先天的聰明優勢，找到了各種生存的辦法，克服自然界形形色色的挑戰，不斷探索，以便降低嚴酷生活環境所帶來的威脅。然而我們身上潛藏的勇氣，卻比現在所呈現出來的還大得多。

我們所面臨的困局在於，人們多半觸及不到內在的勇氣，即使嘗試去做，也只是碰觸到其中最原始陳舊的形式；那是一種肉體的勇氣。肉體形式的勇氣雖然在某些時刻很有用，然而在文明社會裡，卻時常被過度地看重，人們因而忽略了其他形式勇氣的價值，這些勇氣反而更為現代人所需，它們是大靈之勇（老鷹的勇氣）、靈魂之勇（蜂鳥的勇氣）、心智之勇（美洲豹的勇氣，也被稱為智慧的勇氣、道德勇氣、情感的勇氣）。

雖然置身於人類歷史的這個關鍵時刻，人們特別需要靈魂的勇氣，但事實上，每一種勇氣都會影響我們改善生活的能力。這些勇氣都根植於內在意識的覺醒，有了覺醒，才可能促成實際的行動。當意識攀升到老鷹的層次，人們會領悟到：自己之所以在這樣的家庭中誕生，過著眼前的人生，其背後的理由為何，以及這輩子應該要學習和探索什麼。有了蜂鳥的意識，我們便能描畫出靈魂的地圖，以此作為遊歷人生的指引，踏上偉大的旅程。有了美洲豹的意識，我們便能妥善選擇局勢和合作夥伴，專心一致全力探索自我的靈魂地圖。有了蛇的意識，我們便能採取行動，使自己保持在旅程的軌道上。

本章將協助讀者詳細探索這四種勇氣的特質，如此當時機來臨時，才能適時適當地發揮最大的勇氣。

老鷹的勇氣

當意識向上提升到達老鷹的層次，我們就會觸及宇宙神聖的母質，覺察到自我與無限的宇宙力量是合而為一的。老鷹的勇氣是最高形式的勇氣，在這裡，人們可以獲得真正的創造力和靈感。

創造力並不意謂構想出如何製造一個更有效的捕鼠夾；而是意謂醞釀一個

人與鼠能夠和諧共處的世界，並且我們的生活還因此更為滿足、豐富、永續。這種境界只有在人類停止把老鼠視為惡運、認為惡運應與世界隔離時，才可能發生……當意識上升到老鷹的高處，這樣的想法就會自然湧現。

我最近看到一則新聞，是有關加拿大一名小男孩的故事，這名男孩顯然擁有了老鷹的勇氣。萊恩（Ryan Hreljac）六歲的時候，有一次在學校裡聽聞，非洲有許多地區的村民無法獲得乾淨的水源，因而很多人年輕的時候就染病而死。萊恩對於這世界上竟然有人必須步行一整日，方才到得了一處乾淨的水源，感到不可思議。雖然他不過是個小學一年級生，就下定決心要找到一個方法，為非洲村落挖掘水井的工作募集財源。他首先問父母，能否讓他做一些簡單的家務，賺取一些零用錢，接著當他把這少許的積蓄捐出來，作為給非洲村落建造水井的慈善基金時，小男孩的努力讓許多人非常感動，因而他們允諾要為此募集更多錢財。

報紙上有關這位具有大愛的小男孩的故事很快傳開來，隨著愈來愈多人聽到這則故事，他們開始貢獻所有，後來這個計畫就被稱為「萊恩之井」。最後，萊恩終於能夠募集足夠的錢來資助挖掘水井的工程。他的善行鼓舞了許多人貢獻自己的積蓄，後來有愈來愈多的村落受惠，擁有了自己的水井。

上面的例子讓我們看到，當一個人有了老鷹的勇氣，便有了遠遠超越個人年齡與經驗的卓越觀點，有了這個觀點，他非但不會去參與編織充滿無力感的噩夢，反而能充分信任自己，認為自己一定能夠找到辦法實現夢想。老鷹的視野給與我們勇氣進入未知，信任機會一定會出現。在這種創造力的狀態，心中所有的消極念頭、否定的阻礙全都消失了。

這個層次的靈感湧現，又好比音樂演奏家們在即興演出時所充分流露的默契。所有演奏者置身於同一創造力時空，當中沒有任何界限；不需言語，也不需肢體語言，就能夠即刻與彼此溝通。他們不需在事前討論音樂要如何呈現，便能共同演奏出曲子，當曲子流露便自然地向前繼續。演奏者事後聆聽那段錄音，往往對於大家竟能如此輕鬆自然地合奏，感到非常訝異。

在老鷹的層次上體驗創造力，正是有些人所說的——彷彿進入「人神合一的境界」；也就是說，創作者與所從事的事情處於完美的和諧韻律。由於人與宇宙的聖性共同創造，偉大的雕刻作品方能從一顆平淡無奇的璞石中一躍而出，感動世人。老鷹的創造力是生氣蓬勃、原始而富於充沛勇氣的，它不需要什麼特別的言語去描述，你要做的只是盡情融入，享受當中的神奇、混亂、美妙與超群。

普羅米修斯的禮物

想要窺探來自老鷹意識的勇氣，回顧一下希臘神話中普羅米修斯的故事，多少能帶來一些啟發。普羅米修斯是希臘諸神之中專司靈感、技藝、創造力的。根據神話的描述，他是泰坦神族之一（希臘神話中老一輩的神，先於奧林匹斯諸神），力量巨大。由於他得到天神宙斯的幫忙創造了人類，因而對人類在地球上的處境特別憐憫。他看見人們在寒風中顫抖，過著短暫而艱困的生活，感到非常不忍。

他深知，如果人類擁有了火（那是奧林匹斯山諸神所珍藏的東西），便能溫暖身軀、烹煮食物，還可以照亮黑漆漆的夜晚，或者用來融化金屬、鍛造工具。從象徵意義上來看，普羅米修斯想帶給人類的火，因為具有轉化和照亮的特性，正代表了創造力和靈感的泉源。有了火，便表示有了創造力，人們便能運用它來構築偉大的夢想。

普羅米修斯從諸神的爐灶上盜取了火苗，獻給人類，引發天神宙斯的震怒。雖然宙斯無法把火從人類手上奪回去，卻可以好好懲罰普羅米修斯。他把普羅米修斯綁在高加索山的岩峰頂上，每天一隻老鷹會飛來啄食他的肝臟，到了晚上，他的肝會再長回來，以便持續次日再一次的折磨。可憐的普羅米修斯就這樣忍受著命運的蹂躪，直到許多年後，宙斯之子赫丘力士前來營救，才結束他的苦難。

普羅米修斯還給人類帶來另一項禮物——違抗神的勇氣。這是一種發自內心的思考和創造的能力；正是這樣大膽的行為，才為他招致如此嚴酷的懲罰。翻遍古希臘神話大大小小的故事，你會發現，神是當中唯一的創造者，當凡人無意間侵入他們的領域時，便相當於偷走他們部分的創造力量、嘗試也成為神，因而總會受到嚴厲的懲罰。

就算其他的宗教，在這一點上也是用同樣的態度面對人類。只要有人不小心侵犯到神的領域——譬如亞當和夏娃，他們竟敢知道善與惡，因而被逐出伊甸園——就得要接受懲罰。只不過，這種違抗神的舉動卻恰恰把人類送上真實的旅程，人們被迫在旅途中成長，發展出自我理智的判斷力。

無以限量的創造力

在老鷹的意識層次上，我們可以深深探索自我的創造力，這股力量的廣遠是超乎想像的，不但超出人理智思考的界限，也超出人類的發明力量。當人的聰明才智賦予我們愈來愈多的能力駕馭生死，譬如許多人說，我們彷彿在「扮演上帝」，竟敢培養幹細胞或修補DNA，好像聖性不希望我們搞砸祂的藝術品。人類的聰明才智早已在它的框架範圍內製造出許許多多心胸狹窄、目光如豆的假神，老鷹的意識恰恰給與我們勇氣去挑戰這些虛假的神；你必須知道，真正具有創造力的舉動，往往都帶著某種程度的革命性，驅使我們脫離對假神的崇拜。

在日常生活裡，創造力時常違反了大眾文化所崇拜而小心護衛的價值觀，譬如貪婪、愛國、順從、名聲等等。當人們在噩夢中迷失時，就常常在無意間宣誓效忠了這些價值觀（姑且稱它為某種神），臣服於它們的專制統治。一旦有一天，你發揮出創造力，表達出對這些假神的輕蔑，周遭的人會因為你的特異舉動而變得渾身不自在。

歷來許多偉大的創造者都因為這樣的舉措，而被當時的社會價值所排斥。他們害怕真正的創造，認為自己才是最高明的全知者。譬如愛因斯坦剛從大學畢業時，在各個學校院所都找不到工作，因為沒有一個教授願意為他寫推薦信，原因是他們餘怒未消，還在生氣愛因斯坦翹了他們的課，跑去做那些遠比課堂上教授的學問更先進的研究。他後來只找到幾個零星的家教工作，直到最後在一家專利公司找到一份差事。

畫家梵谷的弟弟西奧則是告訴他，他的畫之所以在巴黎賣不出去，是因為色彩過於晦暗陰鬱——尤其和當時極受歡迎的印象派畫作比起來。還有當強尼戴普第一次為電影〈神鬼奇航：鬼盜船魔咒〉中傑克船長這個角色試鏡時，電影製片也緊張地打電話給他，質問他在搞什麼鬼——他們認為他的扮相太過古怪，會毀了整部電影。誰料電影最終竟創下票房新高，片商因此籌畫拍攝續集。而戴普在第一集中的精湛演技也為他贏得了奧斯卡提名。

大眾文化時常無能辨識出真正的創作和偉大的天賦，不論藝術家也好，科學家也罷，當代社會總視他們為毒蛇猛獸，為對當下體制的一大威脅。在科學界有一個非常普遍的現象，即你經常會聽到，研究果蠅的複製行為比起那些真正具有原創性的研究容易獲得基金的贊助，因為真正具有原創性的研究往往有著高失敗率。沒有人願意只是為了表現出獨創性，而甘冒丟面子的風險，畢竟這樣的人必須反抗學術界、輿論界的神，被迫接受所謂的「品味」。創造者時常因為打破舊有的規範而受到懲罰，就如普羅米修斯所做的……當然還有伽利略，他因為提出地球環繞太陽旋轉的理論，而被當時的羅馬教廷判決終身監禁。梵谷終其一生只賣出一幅畫作，最後在他悲哀宣告破產後未幾，在一次散步途上於麥田中舉槍自盡。

當人崇拜起文化中那狹隘、獨斷、短視近利的神，他就會變得古板、陳腐、了無新意，完全排拒一切新鮮的想法。如果能觸及老鷹的勇氣，擁抱獨創性，便能夠想像出一個世界，在那裡，關於什麼是偉大的藝術，並不存在一成不變的規範；對於不尋常、古怪、出乎意料的主意，反倒是樂觀其成。

每一位展現創造力的個體，其本身便勇氣過人，就像童話故事《國王的新衣》裡那個在群眾間大喊「國王根本沒穿衣服」的小男孩，他的勇氣就是在場所有人都比不上的。

大多數人早已遺忘小時候的天真、無邪、創造力。孩子的無所畏懼就是真正的勇氣，因為他們尚未感染社會的習氣，還不懂得崇拜貪婪、名聲、順從這些大眾文化裡的「神」。這就是為何他們可以在別人質疑他為何在豔陽高照的日子還穿著雨鞋時，可以聳聳肩，表現出無所謂的樣子。他們不會讓理性的思考和擔憂阻礙想像力。當耶穌對信徒說，想要進天堂的人，必須先回歸孩子的純真，他所暗示的不過是要人敞開自我，迎接神聖的創造力和靈感；如此當那一天到來，方能體驗到天堂境界的富足和喜悅。

＊　＊　＊

要發揮自我的創造力，首先必須做的要緊事就是停止對自己澆冷水。對於心中浮現的妙主意，別用理智去壓抑，譬如對自己說：「這樣做會不會觸犯到什麼人？」或者覺得「我有什麼資格去問呢？」如此過分憂慮就是在削弱自我的力量。你應該要問的是：「如果……會如何？」譬如，如果不結婚，人生會是什麼風景？或者如果不那麼強自表現出一副不需要男人的獨立自主女強人形象，那又會如何？如果停止去測量、比較、擔憂自己身形曲線的美，會如何？丟開心裡對自我形象的嚴格要求、停止去揣測別人對自己的觀感，也別認為人生一定要如何，創造力自然就會湧現了。

這讓我想起一個認識多年的小企業老闆，他的事業經營得相當成功，但就在六十多歲時，他下定決心要成為一名藝術家。他離開他的事業，搬到一座地中海小島上，他覺得那裡的「陽光恰到好處」，適合作畫。雖然打從小學以後就再也沒拿起畫筆過，但是他買了畫架、油彩，準備好讓空白的畫布來教導他。起初他只能在上面隨意塗鴉、胡亂畫些東西，隨著幾個禮拜過去，他發現，所有美麗的山水風景早已在腦海中，隨著時間積累，美麗山水開始在畫布上展現。

幾年之後，這名男子的畫作漸漸在歐洲各地的畫展中出現。即便到今天，當我問他是否早有繪畫的天分，只是長久以來未被發掘出來，他的回答是，他認為自己並沒有「天分」，他只是熱愛他所做的事。他說自己既不遵循什麼特別的形式，也不恪守特定的技巧，只是讓畫筆帶領他在畫布上揮灑，而他從來沒這麼快樂過。

蜂鳥的勇氣

在蜂鳥的意識狀態下，我們會從靈魂的層次來考量人生。就如這體態輕盈的小鳥找到了飛向長遠旅程的勇氣，身為人類的我們也可以找到這樣的勇氣，覺察到自我的人生其實是一趟成長與探索之旅——一趟追尋靈性成熟的旅程。對於飛行途中的細節，我們不過分憂慮，就算途中可能遭遇惡劣的天候，或是能夠休息停憩的地點非常少，我們仍然有信心能夠到達目的地。

蜂鳥以其嬌小的體形和重量，原本不被看好能夠擔負飛行的重任，同樣的，有些人認為，我們原本就沒有能力飛升到高空，我們是被設計出來在泥濘和沼澤中辛苦跋涉的。無論你怎麼想——沒有時間、沒有金錢、沒有「翅膀」，每一個人仍舊有一個屬於自己的偉大旅程，只要你選擇接受人生的邀請，回應它的召喚。

要丟開日常瑣事的煩惱，讓內在靈魂的勇氣升起，的確不是件容易的事。人們的習慣是覺察生活中的問題，然後努力思考，運用一切辦法解決它，為自己創造幸福。如同我的薩滿導師曾經告誡我的：「阿貝托，你老是在潟湖的邊緣重整你的沙堡，那就是你的人生。」他把我的人生比喻成亞馬遜河眾多牛軛湖中的一座，每一座牛軛湖表面上看起來彼此分開、獨立，但實際上全都由偉大的亞馬遜河所哺育。他接著說：「然後有一天，山頂上突然來了洪水，河水暴漲，把你所有的夢想和計畫全部沖走。如果你想改變你的生活，就要往上游去探尋，在那裡，你才可能改變河流的走向，輕鬆地，易如反掌。」

他真是一語中的——我不斷在修整生命裡的局勢，以為某一個工作或夥伴可以一次把一切的不幸都趕走。如果這招不奏效，就花更多的心思解釋為何自己創造不了幸福：我的配偶不支持我、同事不肯定我、我從小就沒什麼自尊。我編織一長串的理由解釋自己為何如此不幸。我在美洲豹的層次以各種徒勞無功的努力修補局勢，卻不明白自己確實擁有創造幸福的力量，只是必須在更上游處著力。只有在那裡，我才能擺脫無止盡的徒勞。我必須在蜂鳥的層次上勇敢築夢，才能逐步輕鬆自然地實現夢想。

最近一名我所治療的案主向我談到，她近來遇見的一個超級男士。在他們首次共度的夜晚，她溫柔對他訴說一個有關自己和前一任情人的故事，那故事很長，長得令人疲憊，這麼做是為了讓這名男士了解自己為何害怕親密。她很驚訝的是，當故事說完後，那名男子從床上一躍而起，匆忙丟下一句再見後便轉身離去，從此以後再也沒這個人的音訊。

可以理解的是，這位女子想要在發展親密關係的每一階段中建立起安全感，然而我的建議是，她應該在一開始就選對的人，而不是最後在臥房裡結束。我的意思不是她必須選擇出一個對的人，好像這世界只有一個人是適合她的；而是選擇一個她能夠信任的人，如此就不需把心力放在安全感的滿足上。這樣一來，她才能放膽體驗和探索愛情，而不被安全感的問題所綑綁。

＊　＊　＊

蜂鳥的意識給與人勇氣重寫英雄的故事，把人生視為一趟探險與成長的旅程，把自己當成意志堅決的蜂鳥，願意相信自己一定能在旅程上滿足所需。我們開始描繪一幅不同於以往的全新圖像，這圖像畫出了自己的身分，以及自己與事件存在的意義。我們在這個層次上找到了成為築夢者的勇氣，因而失敗的經驗可以轉變成一個重生與再發現的故事，失落與患病的過程也能轉化成實用的智慧；一個人經歷過不幸而存活下來，便能以過來人的身分為他人指引方向。就算自己正遭受嚴刻的苦楚，也能想辦法觸及蜂鳥的勇氣，嘗試用另一種不同的角度詮釋遭遇，藉此緩解自身的痛苦，提醒自己身為人所擁有的強大調適能力。

在蜂鳥的層次上，我們可以重寫個人和有關集體文化的故事。譬如，你不需要宣誓加入對某事件、某物質的抗議活動，如抗議毒品氾濫、反恐怖主義、抗議貧窮等等。你應該換個方式做，可以積極想像一個集體的生態環境，在這環境裡，化學毒物已經是廢棄不用的，或者構想一些可能的途徑，改變因為製造了飢渴而引發人與人之間暴力的局勢。我們可以夢想一個富裕的花園，在世界各地每一個角落興盛繁榮。

尤努斯（Muhammad Yunus）是二〇〇六年諾貝爾和平獎得主。孟加拉籍身為經濟學者的他，早在七〇年代就在自己的國家創辦了鄉村銀行（Grameen Bank）。他發想出微型信貸的概念，是小額財務管理的原始發想人之一。不同於大多數人認為貧窮是人類永遠的問題（這種想法只會削弱人自身的力量），他的作法是，積極構想一套方法協助貧窮的婦女。他所開辦的銀行專門經營小額的貸款（有時像一百塊這樣的小金額），將小額的錢財借給開發中國家的婦女，因為他相信，這麼做可以一點一滴澆灌她們已經握在手中的富裕的種子。

尤努斯和其他小額財務理念的發起人發現，雖然經濟到達赤貧的地步，這些受惠於小額貸款的婦女，其還款率幾乎到達百分之百。她們不僅用這些錢來幫助自己和小孩，還雇用了其他更多的婦女。她們覺醒到，把借來的錢財再出借出去，可以協助更多像她們一樣的女性走出貧窮。

蜂鳥的勇氣所需要的就是，勇敢去除已經內化的舊式符號系統（思維），而構想出一套新的。新的符號是什麼模樣呢？或許此刻你需要紙和筆，在紙上隨意塗鴉，從亂七八糟的圖案中找尋那隱隱浮現的暗示。新的象徵符號可能在夢裡或白天的空想中冒出來，也可能從治療師給你的一顆小石子上啟發出來，他交代你把小石頭放在皮包裡，隨時在掌心搓揉著。

然而，任何一個有意義的符號，都應該從心靈底處蹦出來，而不是絞盡腦汁想出來的。自己身旁圍繞的符號正反映出我們是什麼樣的人，透過這些符號，我們也向世人做了一份宣告。臉上戴的眼鏡、腳上蹬的皮鞋、家中的布置擺設，甚至說話的方式、面部的表情，都是這一套符號系統的一部分，而這些符號會說話，它們表達出「這是我」。當一個人正處於改變的過程裡，他會出現一些很普遍的行為，譬如想要清除衣櫥裡的雜物、改變外觀、搬到一間新的公寓，或乾脆遷居到另一個城鎮……不過我們要做的，應該比這些表面的改變更多才是。

在心靈的層次上，一位離婚的婦女必須了解，把結婚禮服捐出去的象徵意義為何。只是把一件不願意再看見的東西丟出去，卻不明白這舉動的意義在哪，如此是沒有辦法把人生的這一章節做一個結束的。那失落的夢想、那過去的她……所有那襲結婚禮服代表的一切，都將持續保存在心理，縱然禮服已不復再。不過，在蜂鳥的層次上從事一些象徵性的舉動，仍然可以慢慢轉變發光能量場的品質和振動，有助於當事人療癒。

放開舊有的夢想並不意謂承認失敗，而是接納自我新生的勇敢舉動，單單覺察到這一點，就需要極大的靈魂的勇氣。

美洲豹的勇氣

在美洲豹的意識層次上，我們可以觸及另一種非常實用的勇氣，那是屬於理智與情感的勇氣，有時人們會稱呼它「道德的勇氣」。有了這一層勇氣，人們於是能坦率表達自我的意見，縱使面對不同想法的人，也能夠仗理直言，不怕被拒絕或被譏為荒唐。道德勇氣還時常與肉體之勇相牴觸，後者總在我們需要的時候幫助我們脫離險境，達到生存目的。在這個時候，人們確實有可能拿生命作賭注，以實現心中深藏的信念，所以消防隊員才能勇敢衝入烈火熊熊的建築物，不顧生存的本能告訴他——盡可能遠離火場。也是因為這份勇氣，才促使情人願意對彼此保持忠誠，即便事情進行得並不順利，也不願意設法逃脫這份關係。

道德勇氣需要的是，人們願意承認自己的失敗，或者坦承自己的神經質。一旦表現得過分執著或苛求，願意承認此一個性的好處與壞處，嘗試提醒自己這兩者如何既幫助了自我，也妨礙了自我。即便把自己抽離開來，站在遠處觀看，我們仍能夠經驗到內心情感的波動。譬如當你被一個人背叛，我們承認的確希望他遭到報應，但也深深理解，最好的方法還是放開心中的憤怒，繼續向前。道德勇氣驅使人權衡兩者的輕重，辨識出他人的行為通常只是源自其心理的問題及內心的情感，不是他們故意要傷害我們，我們只是適巧介入其內心的戲劇裡。

一個人若缺乏美洲豹的勇氣，心思便只放在生存上，沒有了同情。他不會去關心他人的處境，只在意自己沒有受苦。有了美洲豹的意識，我們會做出正確的舉動，不論其風險和代價為何。

這個層次也賦予我們情感的勇氣。譬如有些人雖然結婚多年，卻未曾與伴侶達到情感上的親密，他們所分享的只有稅務、性和金錢。有了情感的勇氣，我們會向伴侶吐露心中的願望、夢想、自身的弱點、對自我的批判，把自己完全敞開來被愛，而非僅僅置身於愛之中。往往，人對於失控的恐懼會促使他隱藏自己的情感，另外製造一個假相來讓伴侶參與。

美洲豹意識更給了我們智慧的勇氣，這正是科學家們勇於拋開現下的教條和理論、探索新的可能性時所仰仗的東西。從伽利略無視於羅馬教廷陳腐的教條，努力探索行星與太陽的關係，到今天的科學家堅持研究「非局域性」（nonlocality：在遠端影響事件發展的能力），而不認為自己行為瘋狂，都是智慧勇氣的展現。這股勇氣驅使人願意把新的資訊融入自己的世界觀，不論那新資訊是一項科學新發現，或者小到一個男人翩然醒悟——原來其女友的真面貌與他長久以來對她的觀感是相牴觸的。

諾貝爾物理獎得主理查・費曼（Richard Feynman）曾經在其演講中說：「我的任務是說服你別因為不懂而別開頭去。你看，連我物理系上的學生都不懂。那是因為我不懂。說真的，沒有人懂的。」換個方式說，人們非常容易執著於內心原來的想法，即使愛因斯坦說，早期的量子動力學似乎像是「一個聰明過了頭的偏執狂，所製造出的一系列妄想。」然而當我們有了美洲豹的勇氣，便能勇敢衝破舊思維，用新的眼光、不同的角度來看待局勢。

有著創造力的藝術家，通常都能放開自我批判、敞開自我，大膽運用「錯誤」的色彩，或創作出迴異的曲風。雷・查爾斯（Ray Charles）是當代最有天分的音樂創作者之一，但每每令唱片公司頭疼，因為他老愛創作新形式的音樂，而不是大家已熟悉的音樂形式（大眾已熟悉的音樂易於包裝，行銷給特定的族群）。唱片製作人抱怨，他總是創作一些鄉村藍調或是節奏藍調的曲式，而不是他們期待的那種。但查爾斯拒絕像鴿子一樣被牽制，迎合大家的喜好。結果，他的音樂果真開創了新局，為後輩的許多創作者效法，並因此奠定了他身為靈魂爵士樂一代宗師的地位。

一般人則是在進入青春期後，很快忘記自己小時候打破規則、展現創造力的能力，急急忙忙迎合同儕族群的品味。奇怪的是，正是這股從眾的驅力，驅使人想要在烏合的群眾間展現自我的獨特性。廣告商喜歡用「專屬於你」或是「獨特的你」來吸引消費者，購買我們自認會使自己看起來不凡、卓越又超群的物品。正是因為欠缺美洲豹的勇氣，才讓自己遺忘了小時候愛幻想、愛作怪、大膽嘗試新奇的探險心。

記得小時候，鄰居小孩和我總是喜歡自己動手做玩具，這些玩具遠比母親從商店裡買來的現成品有趣得多。事實上，我記得其中最有趣的，就是用破掉的腳踏車輪胎做成的簡易箍環，只要用一根竹棒撥動，它就能一路向前滾動。這種自製玩具的樂趣，完全掌握在自己手裡。

從美洲豹的層次來看，人們心中想要表現不凡，結果卻往往一輩子膽小怯懦。美洲豹的意識會堅持讓你看到自己與他人身上的相似性，所有的人都住在土地上，都是兄弟姊妹。只有在認清自己其實並不那麼與眾不同時，方能真正展現自己的獨創：因為有勇氣看見其他人所看見的，因而能構想出嶄新不同的絕佳點子。

美洲豹意識能引導我們回歸熱切的心，但你必須有勇氣在創造力的基礎上採取行動，而不只是枯坐著思量，想著若果真大刀闊斧實現心中的夢想，人生將會是什麼風景。沒有了勇氣，人會迷失在空想中，儘管成天滔滔訴說偉大的願景，和即將要完成的豐功偉業，卻不曾踏出一步去行動。雖然人人都可編織夢想，但若少了靈魂深處的支持，很容易就會變成噩夢。這時我們便需要蜂鳥的意識來幫助我們察覺，發現到美洲豹層次的夢想往往是受限的，受到心理知覺的限制，而且受到強烈情緒的左右。

以下就是一個例子。有一個年輕人想成為一名搖滾樂手，但這個願望是植基於他希望有一群漂亮女孩圍繞他，對他眨眼睛。這個願望後來演變成一股野心，他希望蒐集各式昂貴的吉他，掛在牆上，好向朋友們炫耀。可是就算掛在牆上的吉他再多，他就是覺得自己不像搖滾樂手。

一個人只要有了來自靈魂的勇氣，他就會明白，用獨創性和偉大的同情心來經營一個組織（譬如尤努斯的努力），或是用誠懇而正直的心來教育小孩，這些事情和搖滾明星在舞台上對著歌迷邁力嘶吼的表演相較，同樣是非常「搖滾」的。只是人們有時把膚淺的匹夫之勇當成真正的勇氣，把虛空的純粹造反當成了意義重大的革命，那真是謬誤至極。

有了美洲豹的勇氣，人能夠明白思想和情感的局限，並且時時警惕自己，別陷入實際上是噩夢的空想中。

蛇的勇氣

蛇的勇氣深深受到我們這個文化的頌揚。包括人人經常掛在嘴邊的「我能夠」，展現「強硬之愛」的態度，堅持「直言無諱」的方式，以及非得到「你是站在我這邊，還是反對我」的答案的執著，好像這一些是僅存的選項。以上行為全都是蛇的意識作用下的反應。在此意識之下，當我們確認出問題，就開始著手去解決、達成指令……然後結束討論，完全不需要再多一些思索。

這種物質或說肉體形式的勇氣——一種為了生存而快速採取必要行動的毅力和決心，正是造就今日美國的最大要件。美國今日的國土，要歸功於昔日拓荒者冒險犯難、開疆拓土的結果。他們修整草原、填補沼澤、清除擋在前方的森林，偶爾停下來射死一隻前來干擾的山貓或印第安人。這樣的故事屢屢在記憶中填充，促使人們以為，這種拓荒的勇氣是值得效法的。

不幸的是，這是一種錯誤的認知。雖然拓荒者確實展現了肉體之勇，冒著生命危險實現心中的夢想，這勇氣的確幫助了他們，然而他們從來不是約翰・韋恩電影描述的那些高尚的破除舊俗者。那群拓荒者相互之間其實是倚賴甚深的，那是一群共謀的結構，當中包括了聯邦政府（負責強占印第安人所居住的土地）、廉價的移民勞工，還有協助他們耕種田產的奴隸。

多數人都欠缺高層次的勇氣，他們停不下對自我生存的思索，因而也沒有高度去擘畫一個人人共存共榮的世界，在那個世界裡，不分種族、膚色、性別，人人皆平等，都能獲得生活的滿足與快樂，而不需要去犧牲特定族群的利益，或以痛苦的肉體勞動來換取基本的生存條件。

美國夢就在那樣的基礎上被催生出來。十九世紀的作家霍雷蕭・阿爾傑（Horatio Alger）撰寫了為數眾多的小說，其主題千篇一律講述的，是有關小人物如何白手起家、經過努力不懈的奮鬥終成為富豪名流的故事。其中一個最典型的英雄人物，是一名窮困但意志堅定的男孩，他每天花數小時站在街角叫賣報紙，直到喉嚨嘶啞。這份辛勞為他賺得一份較佳的差事，之後他照樣每天超時工作，最終讓他買得起華房，晉升為中產階級，贏得了尊敬和名聲。像這樣的年輕人成功了，因為他願意把被貧窮折磨的痛苦過去拋在後面，大膽相信美國夢，企盼透過努力來改造人生。

上述努力終會成功的刻板故事，持續在文化中發酵，人人不斷用這種故事餵哺心底的饑渴，深深相信，任何人，不管他是什麼樣的背景，都可以靠自己的努力，功成名就，就像阿爾傑筆下所創造的英雄一樣。

令人驚訝的是，當舊有的傷口破壞了辛苦經營的成功，這類美夢幾乎到頭來都會變成噩夢。雖然肉體的勇氣為我們實現了財富和名聲，但是這些東西脆弱得有如沙灘上的沙堡一樣，不堪一擊。就像那些拓荒者和阿爾傑式的英雄人物，大部分的人都觸摸不到內在更高形式的勇氣，有了那股勇氣，人們才可能構築更為偉大的夢想，為自己也為世界創造更大的滿足。然而多數人都不是這麼做的，他們的夢想僅止於獲得金錢、權力、地位。

有了道德勇氣，人們才能挺身而出，為受到不平對待的人仗義直言。情感的勇氣則是讓人坦誠面對自己和他人，活得有正氣，不會為了生存而妥協。智慧的勇氣則驅使人質疑現狀、拒絕教條式的思考、展現創造力——縱使這麼做可能威脅到他人的安全感。

蜂鳥的勇氣可以引導內在的意念與夢想同步。老鷹的勇氣讓人敞開自我面對真正革新的想法，它從大靈之處流注於我們的意識中。蛇的勇氣在實現夢想上也有它的一席之地，就算置身在今日的社會，維持家計並不需要冒著大風雪到穀倉裡去取米，但肉體上的勇氣仍是必須的。夢想要能夠實現，其中很大一部分是倚靠本能及實質肉體的勞動來達成，只是它一定要由更高形式的勇氣來引導。

以下的例子可以說明。我的案主一直希望能夠搬離曼哈頓的家，為全家人找到更理想的生活。她渴望住在社區裡，擁有更多活動的空間，與大自然更為接近。她期盼自己能找到這樣的地方，滿足上述所有的需要，又不必那麼辛苦費力地維持家計。這是她在蜂鳥層次上的夢想。

她和丈夫努力在美洲豹層次上尋找一個方法，把工作轉移到新的地點，同時找到一個新家來滿足這個需求。接下來他們便規畫搬家的大小事宜了，包括打包、封起一箱箱的家當，然後盛大舉辦一個「再見派對」——對於這次的遷居，可以想見他們心中百感交集。

到了實際要搬家的日子，他們發現，還有太多的東西來不及打包，可是為了能按照原先的計畫、如期搬出城市，他們只得硬著頭皮，拿出蛇的勇氣。在遍求所有可能的幫手後，他們決定讓本能來引導。他們乾脆安排出一條工作線，強迫自己打包、堆疊、裝入貨車，就這樣持續工作了數個小時，中間只在必要的時候偶爾停下來，讓酸痛的肌肉休息一下。

蛇的勇氣意謂，發揮本能和勞力來完成工作。在此刻，她和丈夫不會在美洲豹的層次上徘徊，焦慮事情做不完的態勢，或強迫自己做出超過身體負荷的事，也不會浪費時間抱怨他們的處境多麼狼狽。保持在蛇的層次上，他們方能在時間之內完成一切該做的事，好實現他們的夢想。

＊　＊　＊

就如發光能量場一層一層包覆著肉體，意識也是，一層包覆一層，最高形式的勇氣在最外層，包含了下面的層次。所以你不可能在缺乏道德、智慧、情感、肉體的勇氣之下，還能擁有大靈的勇氣（或是靈魂的勇氣）去勇敢築夢。這四個層次是共同合作的，當你真正有了夢想的勇氣，便同時生出行動的勇氣。在下一章裡，你將學習到，如何運用四個層次的意識和勇氣，持續在日常生活中構築夢想——無論你遭遇的是什麼情勢。

Courageous
Dreaming

第二部
從築夢到勇敢行動

第六章
展現勇氣，大膽築夢

Courageous *Dreaming*

勇氣不見得就是放聲大吼，在一日將盡的時刻靜靜對自己說：「明天我會再試試看。」這也是勇氣。

——瑪麗・雷德馬赫（Mary Radmacher）

電影〈綠野仙蹤〉（*The Wizard of Oz*）裡有一個關鍵時刻，那隻不斷努力尋找勇氣的膽小獅子，突然挑戰起劇中那一直隱而未現的角色，大膽揭發想像中「具有巨大力量的歐芝巫師」，實際上只是一個無力而卑微的小人物。先不管他那英勇的行為如何，以及他最害怕的人物最後證明是一個比他還要緊張的人，獅子始終不相信自己是勇敢的，直到巫師頒給牠一面勇氣服務勳章，牠才相信。

就像這隻膽小的獅子，人們也會從事看起來勇氣十足的行為，只是當勇氣並未伴隨群眾的歡呼與喝采時，往往被忽略掉。由於對自己行為的不認可，我們開始相信，自己並非那麼勇敢，就在那一刻，宇宙又開始向我們反映出自己怯懦的事實，導致這英勇的行為再也沒有第二次顯現的機會。

多數人以為，勇氣的行為就是指當某種災難事件出現時，願意挺身而出、挽救局勢的舉動，譬如發生了意外或是有人需要幫忙等等。日常生活裡也充斥各種機會，可以讓人展現勇氣。譬如在某些局勢裡，就需要有人站出來，大膽說出令人心驚的事實；或是某種場合，也需要有人勇敢打破傳統、樹立新典範，不顧他人可能的反唇相譏、責難、抗議，以及自己內心的不安。這類英勇的行為能喚起他人心底構築夢想的想望，只是很多人低估了它的重要性，並且很快把它掃到一邊。

如果你曾是那吹哨子的人、站起來面對惡霸的人，或是大膽對抗舊規的異議者——這麼做是因為想誠實面對自己，不希望迎合他人的期待，那麼你可能憎恨或失望過，自己得到的掌聲和支持為何那麼少。沒有榮譽勳章，也欠缺公眾的讚美，最後你可能會說服自己，當初那樣的行為可能一點作用都沒有……然而你錯了，它確實起了作用。

對於勇氣抱持狹隘的概念——認為它一定是某種巨大、戲劇性、足以拯救世界、鼓動街頭運動的行為，因而讓你更加裹足不前，看不出日常生活裡也可以發揮有力的舉動，讓世界有一點不同。或許最近你對一位同事說：「我很抱歉，那天你對我生氣的時候，我痛罵你，那是因為我在防衛。」同時心想，我大可以直截了當點出他的錯誤，但我不打算這麼做，反而邀請他進行一段感性的對話，而不是引爆衝突。你的這個行為就是展現出勇氣了。或者拋開心中害怕遭到反對的恐懼，而堅持你所屬的小組必須討論那項重大的提案，以解決眾人所擔憂的問題。這些看起來次要、不起眼的舉動，其實是發自於內心的熱情、正義感與創造力，它們比起你一直以來所認定的偉大英勇行為，要來得重要得多。

當然，過分著迷於自我的英雄事蹟，或動不動便回憶過去大學時代的英勇行為，是沒有助益的，所謂好漢不提當年勇。重要的是，不論那舉動是大是小，每一項勇敢行為的價值都必須得到認可，因為它們會創造出對自我的滿足感，激勵我們無畏地向前進。只有認清，自己上升到制高點，並且以一種高尚的方式揭露出人性，才能體驗到真正的滿足。

我們之間有許多人宣稱，自己走的是一條探索靈性的道路，事實上這些人尋求的不過是心頭上一股溫暖的感覺，以此來自我安慰，相信自己是「好人」。達成這類滿足確實讓人感覺很舒服，但尋求這樣的滿足並不需要什麼大的勇氣，而且它服務的不是別人，是自己。勇氣不是某種可以企求得到的東西，彷彿它是靈性成長的履歷上可以列出的項目，以便向他人（或自己）炫耀、博取他人的好感。它比較是某種可以每天從事的行為，無論是否有人在身邊給與掌聲，或者注意到它。

向外尋求對自我勇氣的認可與肯定，從來就不容易有什麼回報，而且那會使你離蜂鳥和老鷹的意識愈來愈遠。它把你禁錮在受害者的故事裡，故事的名字就叫作「沒人感謝我」。所以忘掉在群眾裡找尋光榮吧！就讓自己來肯定自己。從容自在享受歡愉、自豪的滋味，以及在這些小小時刻裡所創造出來的力量感，然後再把這些感覺丟開，準備好迎接下一個表達勇氣的機會。

當籃球選手投籃得分，他會興奮地拍拍掌，感覺棒極了，然後馬上調頭找尋球的位置，尋求下一個投籃得分或協助隊友的機會。如果他不迅速採取下一個動作，那成就的歡愉馬上就會因為他隊火速搶攻、灌籃得分，而消失無蹤。

緊盯你的球，持續貫注於遊戲的進行，隨時等待下一個，而不要戀棧方才英勇的氛圍，迷失在其中。這麼做，才能真正勇敢構築夢想，而不是陷入私我對追求名聲的無止境欲望中。

肯定幕後英雄

即便我們確實認可具有勇氣和創造力的舉動，人們也常會傾向於只把掌聲獻給一個人，而忘了其他在幕後可能給與鼓舞和支持的人。對個人價值的強調常會蒙蔽我們的眼睛，使我們看不到站在英勇形象背後那一大群的幕後功臣。譬如，我們記得安妮・法蘭克（Anne Frank，《安妮的日記》一書作者），但又有誰記得那些把她藏在祕室裡，冒著生命危險為她帶來食物、消息、希望的人？又有誰會想起泰瑞莎修女的母親，她是如何養育出這樣一個具備深刻偉大同情的女兒，或思及在聖者過世之後，那些持續照顧臨終病患的志工們每天做的事？

由於我們的文化向來不夠重視團體的價值，而每一個體卻又十足渴求受到肯定、接納、讚揚，且無不汲汲營營謀求地位，期盼透過各種集體的勇氣表現獲得肯定。所以如果我們被忽視了，就得拋開心中渴望被褒揚的需求。然而加入這個集體文化——忽視對幕後英雄的讚美、完全不給他們應有的掌聲，堅持「既然沒有人發現我的英勇，那我何需在乎別人做了什麼英勇的事？」如此對我們是毫無益處的。

每天，在我們周遭，人們默默地構築他們的夢想。譬如同事瞞著母親參加一個地區性的兒童營隊，他的這份勇氣就被我們忽略了。還有，我們抱怨清早在路上把我們叫住的警察，只因自己稍稍違規行駛，殊不知他正是那在鄰近社區裡跟街頭遊蕩的年輕人打成一片，藉此趁機加以勸導，以防止其進一步淪為罪犯的好心警察。

報上的訃聞裡充斥著林林總總有關鄰人生前的故事，這些人我們不曾認識，他們足跡踏遍全國，為二次大戰中受傷的士兵獻唱及彈奏樂曲。另外有些則是加入支持性團體，為失去孩子的父母提供支持。讀到這些故事可能讓你覺得驚訝，因為你突然發現，原來街尾住著這樣一名人士，竟然為他人的生活默默貢獻自己微薄之力，而我們對他們的勇氣和善行卻渾然不知。當你放慢腳步，向四周探一探，你會發現一籮筐稱得上是勇敢的舉動，在這之前你完全沒發覺，並且還視其為理所當然。

當你自己就是他人發揮勇氣的受惠者，我們或許會覺得非常感激，但卻時常忘記去認可、讚美他們。不妨說說這樣的話，譬如：「把它說出來的確需要勇氣——無論如何，我為你喝采。」或者「我向你致敬」，或是「我真欽佩你對爸爸做的一切，我知道那對你是多麼困難的事，能夠站起來給與他所需要的幫忙。」讚美可以在他人心中培養出更多的勇氣。

所以，當下一次你發現伴侶把孩子照顧得很妥當，請表達出感激和讚美。如果那正巧是你的前妻或前夫，請丟開那個名為「那渾蛋從不懂得欣賞我的小孩」的故事，或者心中酸溜溜地想著：「好吧，時間到了，我知道他今天的表現不可能持續很久的。」

現在轉而構築新的夢想，並且參與其中。每一天都充滿了機會，可以讓你為勇氣和創造力喝采，並且加以實現。用讚美來支持他人，並且主動提出幫助，你會發現別人也會開始回過頭來鼓勵你。當然，讚美必須真正發自內心，絕不能以此作為操縱他人的工具，用讚美索求他人的回報。換句話說，當你發現他人展現勇氣的舉動，請暫停忙碌的動作，體驗那場景所帶來的喜悅，然後記得肯定他們所做的。

一旦又落入視若無睹的舊習慣，就很容易陷入美洲豹層次上所編織出來的故事裡，以及蛇層次上的恐懼。在靈魂的層次上築夢，你會發現，要抓住機會展現勇氣和行動，其實是輕鬆又自然的事。

夢想並非目標

在靈魂的層次上構築的夢想，與所謂的目標非常不同，目標是具體、可測量的東西，是放在未來的。美洲豹意識可以協助人創造出這類明確的目標，譬如：「我想回學校唸書，花三年的時間完成我的學位。」或者「我想成為一個詩人，有詩作呈現給世人。」夢想卻是「我想持續在生活中學習，丟掉僵硬的思想和信念，好好教育我的小孩。」或是「我要寫詩，生活得像詩，發掘周遭所有美的事。」

當你築夢，每天便都有機會透過行動實現那個遠景，目標則隨時會自我調整，對於自己如何及何時完成目標，你會保持彈性，而不會執著於一定要等到詩作出版或得到學位後，才感到滿意。

構築夢想後，會發現目標反而是次要的——真正重要的是，你怎麼度過今天。此時，你會為自己達成的里程碑慶祝一番，然後擬定計畫，但不會一心想望趕快到達終點。你會謹記在心，夢想是有關於旅程的，而不是有關於目的地。當你碰觸到內在靈魂的勇氣，就會自然採取必要的行動來實現夢想。道德、智慧、情感、肉體的勇氣會在那兒等著你；你輕易地走入夢想，就如穿鞋子一般容易，然後打開門，離開心智的範圍，走入夢中，去實現它。

假定你已厭倦了身體的疲憊感和不健康，決定要改變對待身體的方式。這時如果仍保持在美洲豹的層次，就會擬定一大串運動和減重的目標。你將召集大腦的意志力，下定決心完成目標清單上的若干項目，發誓自己一定要勤跑健身房，一個禮拜三次，每次運動四十分鐘，並且從此杜絕白糖與麵粉。對於小孩生日派對上呈現給你的生日蛋糕，你感到掙扎，一旦自己蜷縮在沙發上不運動，就覺得有罪惡感……接著為了減輕這種壓抑，又乾脆大吃一頓。只要發現自己對於達成目標沒有任何進展，就怪罪自己，然後試著重新找回意志力，再試一次。

現在，如果把夢想安裝在蜂鳥的層次，就能建立出意念來體驗健康的身體，發光能量場也開始以健康的頻率振動。情感、思想與行動會開始與意念配合。你會發現，自己對運動課程充滿熱忱，熱切與自己的身體做接觸，同時被新鮮的食物吸引，而不是速食。如果你在公路上停下來吃一個漢堡和薯條，因為那是當時僅有的選擇，你會在事後很快調整回來，好與意念同步合作，採取更為健康的行動。

每一天，你都在實現夢想，當思索著「我的重量似乎減得不夠快」，或「我討厭運動」時，能夠溫和地調整自己。這些是美洲豹層次的憂慮，在這一層，你時常撰寫失望的故事。夢想的時候，有時你會經驗到內心對自我的批判，很快地，你會調整過來。

最後，在老鷹的意識上，你能持續把眼光放在大遠景的位置，保持健康、尊重你的身體。你將找到方法克服在美洲豹層次所察覺的障礙，記起自己正處於蜂鳥般的旅程上，旅程蜿蜒崎嶇、峰迴路轉，沒有人能在這之中每分每秒都保持與意念的完美和諧。

放掉完美的魔咒

當一個人陷入自我的心理問題中，便時常找尋外在的完美英雄，最後在發現他們跟我們一樣是人的時候，就覺得大失所望、沮喪。我們希望這些人是完美無缺的，是神化的，而不是真正的凡人。當我們忽視其瑕疵，便有了方便的藉口來解釋自己的行為，藉此對自己說，我當然比不上那些偉大的英雄。我們會這麼說：「拜託，我是誰，難道是泰瑞莎修女嗎？還是十字架上的耶穌？」然後合理化自己未展現同情的舉動，宣稱「我又不是聖人」。

我們不想聽見金恩博士的婚外情，也不想正視約翰・藍儂雖口口聲聲說人類需要愛，卻始終與自己的大兒子關係疏離的事實。畢竟這些事情會提醒我們，個性的瑕疵阻礙不了人從事善行的意志，然而這可能又在你心裡引發一個小小的抱怨：「既然如此，為何你自己不去從事偉大的善行？」

與其把自我身上的正面特質投射到名人身上，不如選擇擁抱個性中潛藏的勇往直前與純真。英雄身上的瑕疵並未拂去他們的英勇行為，一旦我們願意承認自己的缺點，你會發現，弱點並不足以將我們打敗，使我們癱瘓，或妨礙我們從事偉大的行動。

每一個人都能夠從事偉大的事，即便有時缺乏耐心、傲慢、暴躁、焦急。就算達賴喇嘛也不可能無時無刻皆展現偉大的憐憫，縱使他不會如多數人那樣，抱怨機票訂位人員搞砸了他的行程，但我願意相信，他必定也有過度苛責、憤怒的時候。我們也知道，耶穌有一次也因為沮喪和心急，忿忿地踢翻了幾張桌子。

我們不需要更多的神話英雄，沒有比完美更令人癱瘓的概念——我們感覺自己永遠達不到，既然如此，又何必去試呢？不，這是完全不正確的，我們所需做的是，坦誠面對自我人性的部分：我們注定會失掉完美，但絕對能完成一些小而有意義的英勇行為和善行。

與其設想某些人是完美的，你寧可這麼想，那些英雄只要一發現自己的行為與內在的意念不吻合時，便會趕緊把自己帶回軌道上，一次又一次。他們只消對自己說：「夠了——我正在做呢！」單單這句話就已經是勇氣的舉動了，可以打破所有的詛咒。

如果你志在成為一個完美的人，最後必將因為氣餒，再度陷入噩夢中。不但構築不了夢想，反而因為覺得缺少機會，或是薪水太低，有憂鬱的傾向，或其他有礙目前生活進行的因素，而認為自己是受害者。對於生活為何總是達不到理想，你總有編不完的理由，忘記自己正是夢想的主導者。無論你所面臨的情勢如何、自己的弱點為何，請拋開以上各種理由和藉口，找到最適切的生活方式。釋放心中追求完美的魔咒，因為那是永遠不可能發生的。

在每日的尾聲之際，想想三件令你感激的事，並且指出自己在這三個局勢之中扮演什麼角色，如此可以改善心情，找到生存的駕馭感。當你發現自己的生活有失控之虞，覺得心思總是放在不順暢的事情上，或是老想著那尚未完成的事，試試這個簡單的動作，找回構築夢想的力量和信心，相信自己今天的作為已經影響了世界和周遭的人。

拒絕誇大

在過分強調個體性的現代文化裡，我們被教導要嘗試各種方法，讓自己在眾人間凸顯出來，表現自我的獨特與不凡。要達成這個目的，意謂我們必須與身旁的每一個人競爭，以爭取第一，這不是件容易的事。陷入這種壓力的競爭遊戲裡，人們因而開始尋求誇大的表現、如雷的掌聲，企盼得到世界對自我重要性的認可。請記得，對於誇大不實的需求其實根植於我們的一種幻想，以為透過他人的贊同可以創造出自我的安全感。此一幻想正是對於名聲之渴求的真正原因：我們被一種莫名的想法說服，認為自己一出生即帶著某種特殊的任務，此一任務最終將會獲得自己或他人的肯定。

我的案主們常會表達他們心中最關切的事：「我應該在接下來的日子裡做些什麼呢？」他們對於自己天生的召喚感到非常疑惑，思忖著在餘下來的歲月裡，他們的任務究竟為何？我遲疑一會，然後給了他們一個答案：「沒什麼。」我委婉指出，一直到他們願意拋棄心中對於自我獨特性的執著，方能想得出自己的召喚是什麼，並且學習到用勇氣和創造力作指引，引導他們在人生中前進。在那之前，他們會一直向自身以外的地方尋求那個「召喚」，殊不知那召喚是來自於心中。

勇氣可以協助我們放開心裡對「追求第一」的渴望，讓我們專注於竭盡所能、全力以赴。當你有了勇氣，就不會在乎鄰人是否談論我們的好處，自己心中想成為救世主或彌賽亞的念頭也會消失不見。我們只是根據自我的原則，找到生存的道德勇氣，探索新觀念的智慧勇氣，以及坦誠面對自我和他人的情感勇氣。我們感覺對於被一大群粉絲包圍是沒有必要也不需要的。有了老鷹的勇氣，我們會真實地面對自我，全心活出自我的命運。心中的索求以及驅使我們追求誇大表現的欠缺感，全都煙消雲散。

我們見過許多人過著小人物的生活，卻感覺自己能夠影響整個國家的命運，並且是在此時此刻、在他們的有生之年。我有一位朋友，他老相信自己對於終結非洲人民的飢餓已經想出一個萬全的辦法來，只要人們肯聽他的話。每一個在曼哈頓求生存的計程車司機都會告訴你，這城市的問題在哪兒，以及他們可以怎麼整頓它。

像這樣的人總是表現得極為熱切且自以為是，他們陷在一個誇大的噩夢裡，深深以為自己是崇高的拯救者，卻蒙蔽了自己的眼睛，不知道小人物其實可以用靜默而卑微的方式改變這個世界。他們忽視了他人出於勇氣的小小舉動，甚且，還堅持以為，任何人花心思從事那樣的行為，是在欺騙自己且浪費時間。有的人脾氣非常暴躁，只要世界不順從他們的心意，便勃然大怒，接著又開始低頭盤算如何擴大他們的力量，埋首其精心量製的策略中。

與此恰恰相反的，那些真正握有權力影響國家大事的人，往往把心思放在極微小且又與眾人期待相違背的事上。對於改變世界感到興趣缺缺，他們不願出風頭，又善於嘲笑自己，因為外在的力量和名聲對他們而言並不重要。

當傑弗遜擔任美國總統期間，他的幕僚對於他老是喜歡穿著脫鞋和睡袍、頂著一頭亂髮召見白宮的訪客，感到頭痛不已。他解釋自己實在是太忙碌了，因而無暇顧及這些瑣碎的細節。同樣的，班哲明・富蘭克林也是美國草創時期非常重要的人物，他也常常嘲笑起自己對於酒的無法抗拒，以及情不自禁會多看漂亮女性一眼。

沒有人過分嚴肅地看待自己，但每一個都對一個新型態國家的誕生抱持著熱切的信念，對於創造及培育新民主擔負起責任。傑弗遜和福蘭克林所沒有做的是，調整小細節或遏阻外界憎恨的聲浪。他們聽取各界不同的聲音，仔細聆聽人們的心聲，願意承認自己並不是無所不知的——他們確實如此。兩者都有明顯的個性弱點：傑弗遜是反對奴隸制的，但他本身就是奴隸的擁有者，並且還與一名女奴維持著長期的親密關係，他們所生的小孩甚至做了好幾年奴隸。富蘭克林則是一直與兒子處得不好，他的兒子因為達不到他的理想而令他非常失望。然而就算他們各自有其弱點，兩者都未曾躲在響亮的名聲背後，假裝自己是超乎常人的聖人。

心裡面妄想憑一己之力而有所改革的人，是這個世界裡器量狹小的獨裁者，他們醉心於自我編織的形象，無視於他人的想法，嘗試脅迫他人支持他們心中對於「偉大拯救者」的幻想。每一個人都應當非常謹慎，以遏止心裡面想成為這類獨裁者的欲念，認為這個世界應當聽從他的指示，以實現其福祉和利益。反之，作為一個時時刻刻貢獻自己微小力量，幫助那些掙扎和受苦的人，應該更能得到心靈上的回饋。

要遏止心中過分誇大的欲望，一個有效的方法是，轉移注意力到心中顯示出夢想的象徵符號上，這些符號暗示了自我意識一直以來所抗拒承認的東西。

解構夢想的符號

睡眠中所出現的夢境充滿了各式各樣的符碼，這些符碼是由潛意識所創造出來的；為了洞悉它們所傳遞的訊息和意義，你必須加以解構。心理學家告訴我們，水通常代表情感、情緒，大樓地下室代表潛意識，影像很可能是某種雙關語視覺化的結果。所以，如果你的夢裡出現一個情節——你正查看著十五號巴士的路線，卻感到躊躇迷惑……這很有可能意謂，自己對十五歲時所出現的行為感到非常困惑。

如果你對生命中某件事情一直未加注意，而它又亟需你的關注，此時夢境便可能一再出現相同的主題。你可能不斷發現自己徘徊在同一間服飾店裡，那裡所有的設計師服裝都在折扣拍賣，卻沒有一件適合你。或者你注意到自己老是在拚命奔跑，後面總有東西追趕著你，譬如怪物、瘋子或一隻生氣的狗。潛意識不斷透過夢境創造出這些符碼來提醒你，如果你一再忽視它，它們就會持續糾纏，永遠不離開。

許多人對於這些符號所代表的意義感到相當有興趣，我卻較為在乎符號或影像所喚起的心情、感覺、覺察。我們常會拿靈魂層次的一個符號，在美洲豹層次詮釋它，在這一層上，水和地下室代表了某種特定的意義。這樣的詮釋可以是極有價值的，因為如此等於是從潛意識裡獲取清晰的指示，對我們的生活非常有幫助。然而在蜂鳥層次上記住那個夢境，而不立即分析它們的意義，只是單純在醒覺的時候尋找夢中的符號，也是非常重要的。那符號的意義，會在後來透過自然以及事件的偶然發生（榮格稱其為同時性）顯現出來，而不用理智分析。

舉個例子，如果我夢見自己和兩位朋友正為一次出海航行打點船隻、準備必需品，我會在接下來的幾天，尋找這影像中出現的符號：一趟旅程，或者一個新的開始；兩個盟友；打點裝備；著手一項新計畫。一旦有任何一個符號在身邊出現，我會在心中將它與夢境作連結。這個方法可以切斷阻擋在醒覺和睡眠夢境之間的屏障，在心裡釋放出源源不絕的無意識的能量，使得我在醒覺狀態也能觸及這些靈感的泉源。

在你醒覺的時刻，生活裡充斥著各種符號，它們一次又一次進入你的生活，反映出從潛意識裡捎來的訊息。這些白天出現的符號不但提醒你注意周遭的機會，也提醒你注意內心的各種傾向，包括想成為崇高的拯救者、意圖合理化自己惡徒般的行徑，或把自己當成受害者自憐自艾等等。

時時返回蜂鳥的意識，你不但能辨識出白天與夜晚的夢境中具有無窮力量的符碼，也能開始輕易地了解它們，而不會作過度的思考。所以當你又在夢境中被追逐，你不再絞盡腦汁去想，現實生活裡到底有誰或什麼事在追趕你。你轉而不把自己看成某一情勢的受害者；不管是什麼在追著你，你都會停止追求，無論在夢中或是現實。

最近，我夢見自己置身在一棟大樓裡，四周牆壁都已坍塌，我和小女兒正踩著碎瓦片前進。後來我們來到一張桌子前，發現上面有一台收銀機，抽屜是打開的，而我知道，裡面的錢是屬於我們的。我們開始取出鈔票，我還叫女兒把硬幣也拿出來，因為我們必須在另一個地點重新建造房子。

表面上，從美洲豹的觀點來看，此夢境的主題可能是「趁大樓尚未全倒之前，速速把錢取走逃離。」然而當我更進一步去看，發現這當中可以有很多不同的解釋。其中一個是，從蛇的層次上去做最直接的解釋，這夢的意義是，趕快拿著錢到森林裡蓋間小木屋。然而我選擇了另一個在蜂鳥層次上的詮釋——這也是我決定多加留意的；此夢境代表：我必須趕緊為地球守護者所保有的知識傳承找一個新家，因為原本保存這些智慧的部落房屋正面臨坍塌的命運。

如今遺留下來、尚未被西方消費主義污染的薩滿社群，已是少之又少，即便在亞馬遜最偏遠的地區，居民們也認得可口可樂的商標。所以這個夢境在告訴我，我已經擁有一切的支持——包括財務上和家人的支持，必須協助建立一個靈性的家，來保存地球守護者的智慧。我的女兒則象徵，我的這個舉動是為了未來的世代而做。夢境的意象還提醒我，我得非常小心，以免陷入誇大的想像裡，這誇大的想像就是我在其中變成挽救部落薩滿傳統的高尚拯救者，一旦陷入這樣的想像，那棟樓很可能就會把自己給壓垮。

現在，讓我們解讀夢境所傳達的訊息。

醒覺時的符號

在醒覺的現實生活中找尋對自己最有力的符碼，與記住清晨所作的夢一樣容易。夢境中的許多符碼是為人類所集體共享的，有一些則是源自文化以及個人的經驗。我們都明白某些象徵性的舉動所代表的意義為何，譬如有人燒掉一面美國國旗或戴上尼克森的面具等等。然而在我們的生活裡，對於某些代表了個人故事的符號有著強烈的感覺。

當你在醒覺的夢裡（指醒覺狀態時所陷入的出神的想像）發現一個符號，你可以運用情感的勇氣來排開不安感，並探索它的意義為何。智慧的勇氣可以讓你拋開陳舊而削弱自我力量的信念，改用新的方式思考。靈魂的勇氣則促使你創造出心底真正想望的夢想。察覺這些符號，養成解讀它們的習慣，注意符號一再出現的背景和局勢，你能漸漸察覺過去一直被你忽略的事實。

不妨注意一下最近你不斷在閒聊時刻所批評的名人，他對你而言代表了什麼——或許是一個毫無報償的夢，或是你對於資金、時間、自由的有限的憎恨？浴室牆上所掛的表列上那第兩百號代表了什麼？車子上的凹痕是否意指了什麼？藉由你對於符號的強烈反應，可以辨識出自己是否深陷在噩夢中，而忘記如何去勇敢築夢。

認清誇大的符號

泰瑞莎修女曾說，世界上沒有偉大的行為，只有用偉大的愛所做的小小舉動。然而太多時候，我們卻正好反其道而行，希冀自己成為下一個泰瑞莎——雖然並未做出如聖者一般的犧牲。許多人不去想方設法為這個世界盡一點心力，敞開心接納眼前的機會，反而宣稱「我想先賺到一百億元，如此才有能力拯救世界！」畢竟，一百億象徵著非常大的權力。

我們深信，要過一個有意義的人生，僅僅妥善教育一個孩子是不夠的，或者在臨終安養中心擔任志工，關切到少數人的生活，這樣也不足；我們要的是偉大的善行，以致於有一天，雜誌上會報導我們如何貢獻努力和熱忱，而最終解救了世人脫離苦難的故事。如果某人的大作登上暢銷書排行榜，或者鄰人的女兒當選了世界小姐，我們便心生嫉妒，因為他們獲致的成就，恰恰象徵了自己內心渴望已久的權力與名聲。

只要你發現自己正擬定一些誇大不實的目標，一心追求象徵成功的各種符碼，這便是一個警訊，表示你已深陷美洲豹的意識裡，汲汲營營於追逐名聲、權力、社會認同……這些虛假的安全感。真正築夢、希望世界變好的人，反而能享受小小舉動所帶來的快樂。他們對於自己能夠以這種微小而不受注意的小舉動來貢獻世界，感到快樂不已。他們也不會因為大量的工作（為了終結貧窮、暴力、環境破壞所需）而感到不勝負荷。

這些人就如南美洲許多村落的傳教士，他們賣力協助部落居民，不顧羅馬教廷對於要居民必須事事把教會放在第一位所給與的壓力。或者如當地的祖母們不辭辛勞的工作，以鼓勵鄰人使用天然的雜草去除方法來清除草皮的雜草，取代有害的化學除草劑。

當你在靈魂的層次上築夢，就能很快看到機會，並發現行動的勇氣，不會因為絕望而放棄。你也不會變得玩世不恭，聳聳肩說：「我沒辦法參加，因為我太忙了。」或是「啊，那沒什麼大不了的。」「我相信應該有人會去解決那個問題。」更且，當你能勇敢築夢，你所需要的資源和協助必然會在適當的時機顯現，無論那是一百億元、具有創意的構想、一個理想的夥伴，或是大膽站出來對抗現狀的勇氣。

如果你仍舊把重點放在獲得一百億元，如此方能過一個快樂、富足的生活，那麼你所期待的不過是個白日夢，是無法在現實生活中實現的。你等於把自己鎖在夢想之外，不讓自己去實現，因為這樣的目標所需的條件實在過於龐大。夢想卻是無條件的；只要有勇氣築夢，不論什麼條件你都能接受。每一天，你都能因為付出而使這個世界有所不同，無論所處的情勢如何，或手邊有多少資源。

不同於目標總有一個終點，夢想則是一種生活方式。靈魂層次所孵育的遠景永遠有熱情作為其燃料，那正是為何有些人總是能找到方法實現理想，卻不需要意志力或其他的權力。我的案主之中，有幾個就是世人眼中的有錢人。我發現其中幾個雖然事業成功，卻不是真正一心想賺大錢，而是把心思放在尋找可以展現熱情和創造力的機會上；正是因為內心擁有無限的熱情，才為他們賺進大把錢財。他們過著富足的生活，因為有豐沛的創意，而且對於感激、喜悅、好奇、未知感受豐富。

在接下來的練習裡，你可以察覺心裡面執著不放、代表虛榮的符號，並且找到勇氣將它們遠遠甩開。

練習：放棄虛榮的表徵

問問自己：「你覺得需要什麼來彰顯自己的重要性？」是昂貴的跑車嗎？還是某一個讓人望而生畏的職稱頭銜？勞力士錶？美麗的妻子、有錢的丈夫或上常春藤名校的孩子？取得對某一爭議性主題的最新消息？找到最腥羶色的閒聊話題？表現出足以威脅別人的挖苦態度？一個可怕的兒時創傷，使得自己的自尊心蕩然無存？記得你心中代表虛榮的符碼，可能是一件物品、一個標籤或一項行為，這個行為讓你認為可以傳達出自己是獨特的訊息，是值得人來尊敬、憐憫或畏懼的。

試著讓自己活得像個僧侶，暫時放棄心中對虛榮符碼的追求，感受一下那是什麼感覺。如果你是用外表的吸引力和膚淺的聰明來衡量自己的重要性，試著卸下華麗的裝扮，素顏參加一場聚會，在那裡你只問問題，除非被問及，絕不提供任何答案或訊息。表現出諷刺的態度，或滔滔不絕講述自己的工作，還不時提到自己的頭銜、認識了誰或住在什麼高級地段。如果覺得自己很重要，因為投注很多心力在社區服務上，那麼試試自願做那最不起眼的工作，讓其他人去擔任名氣較大的職位。如果覺得自己很不重要、很渺小，試著告訴那個團體你曾經做的偉大舉動。

注意內在的不安感，不必批判，只要稍加留意。問問自己：「這不安感來自於何處？」讓答案自然從心底浮現，然後大方嘲笑自己對虛榮的執著。讓意念釋放掉內在害怕不被認同的恐懼。

培養專注

要能認出心中那些迎合世俗和私念的虛榮符碼，在日常生活裡找到展現勇氣的機會，我們必須時時「專注」，用心注意此時此刻所發生的事。專注指的是，別迷失在思緒裡，想著明天即將發生的事或昨天發生的事；改而集中心思在此刻。

現代社會裡要培養專注實在不是件容易的事，時下的文化鼓勵人接受過多的刺激，迫使人行事匆忙而不是放緩腳步，保持冷靜、覺察、深思。然而能夠保持覺察並專注於當下的人，才能體驗到從容與優雅。他們坦誠面對自我真正的需求、拒絕恐慌，不會買成堆的物品來緩和內心的不安全感，或藉此表達生活的富裕。

專注的人不容易受到操弄，也不容易被脅迫而遵從那些妄自尊大者的領導；因為專注，而使得那些渴求權力與浮華的惡徒無法施展。

我發現一件有趣的事，「密謀」（conspiracy）這個字源自於拉丁語「conspirare」，意為「一同呼吸」。獨裁者往往非常害怕那些練習專注的人，因為這樣的人總是喜歡打破規則、推翻現狀。他們透過專注觸及蜂鳥的智慧，因而總能勇敢築夢；這對獨裁者而言，無異是一種威脅。

專注是一種習慣，當你決心每天做一件事來訓練美洲豹的心思，讓它停止飄浮不定，這個習慣就會容易養成。養成冥想的習慣是，培養專注非常好的方法。嘗試坐在軟墊上、放慢呼吸，如此可以使自己遠離那些龐雜紛亂的思緒。當你留意呼吸的節奏，觀察哪些思緒在你眼前浮起，如同變幻不定的雲，此刻你會豁然覺得，那些東西一點也不重要。

專注的覺察需要的是全神貫注——你在臥室一隅，靜坐在軟墊上，專注於此時此刻。這種覺知狀態會慢慢滲透進每天的生活裡，你會發現，當你陷入某一個內在故事，心中有一個部分會說：「看看我，又在扮演受害者了。」這時你就會記起心中大膽活出勇氣的意念。那一刻，你會丟掉舊的包袱，而不再在上面添油加醋。此一覺知很快把你拋出美洲豹的意識，進入蜂鳥的夢想領域。

如果傳統的冥想練習讓你覺得不自在，還有其他方法可以培養專注。譬如可以靜坐在桌前幾分鐘，一邊呼吸，一邊留意思緒，也可以做做運動，讓奔竄的思緒緩和下來、呼吸更為深沈，因而讓頭腦更為澄澈透明。你也可以定期寫日誌，訓練大腦保持在當下。

如果你覺得自己抗拒以上各種練習，很可能你的心正掙扎著壓抑潛意識的某一個想法或記憶，它知道一旦你體驗到平靜，痛苦的記憶將會浮上來把當事人壓垮。一名心理輔導專家說，她發現她的案主之所以行程滿檔、趕集似地停不下來，往往就是為了創造這種匆忙瘋狂的心境，如此就可以避免內心的痛苦升上來——譬如受虐的記憶。

嘗試停下忙亂的腳步，覺察一下內心是否在避諱什麼。

在靈魂層次上安裝意念

當一個人專注的功夫愈深厚，就愈能了解生命中出現的符碼，當自己的行動遠離意念時，也能夠更加輕易地察覺。當個人的行為與夢想漸行漸遠，很可能這夢想並非出自靈魂層次真誠的意念，而只是美洲豹層次所創造出來的一個想法和希望。另一個可能是，當事人分神，或受困於較低的意識層次，以致於忘記在蜂鳥或老鷹意識上所構築的遠景。

儀式可以幫助你在靈魂層次上安裝意念——只要是誠心誠意演練儀式，期許自己改變意識層次的話。如果你讓自己持續受困在美洲豹層次，就會為該站在哪裡、該說什麼、該做什麼這種小事而擔憂不已；如此等於期待儀式轉化你的情感和覺察，卻不敞開自己來接取它的力量。無論你現在正參加天主教彌撒、猶太教成年祝典、薩滿的儀式，或只是在與愛人共進晚餐前點上一支蠟燭，只要能正確演練儀式，它多半都能創造一個敞開的空間，使人在其中揮去一切雜念，讓意識上升。如果只是強調儀式的細節，一心掛念它所帶來的結果，它就會變成一個空泛的儀式，毫無意義。

所以，如果某一個週末，你催促著每一個人在特定時間內到達聚會的餐廳，然後在節目開始之前大口吞下食物，那麼，你的年度家庭聚會將再一次讓在場的人感覺不到任何意義；沒有感觸也沒有連結。如果你帶著競爭的心態去上瑜伽課，自豪於能比其他人維持某一個姿勢更久，那麼你不會進入深層的身體覺知，也無法使內在身體的能量順暢流動；你只是拉了拉筋肉，讓全班的人感覺被打敗。

然而，若你能臣服於當下、此刻，敞開來面對宇宙創造力以及身旁的人，儀式的動作會幫助你提升意識，在靈魂層次上孵育出意念。無論你是獨自進行個人的儀式，或與別人共同參與儀式，都要承諾敞開自己，接納直覺。

我記起認識的一對夫婦，他們邀請一名友人（一個業餘歌手）參加其婚禮，並在婚禮中領唱一首歌曲，曲子的內容是勉勵人們支持所愛的人。歌手一開始非常緊張，而且出現走音的狀況，但不久其他幾名賓客也開始唱起來，加入他的歌聲。他慢慢回到正確的音高，愈唱愈有自信，聲音中充滿了豐富的情感。至歌曲尾聲，在場所有人對於聲音從單人獨唱到漸漸眾聲匯聚、彼此相互支持（包括那對新婚夫婦），都覺得深深感動，曲終不禁報以熱烈的掌聲。有時儀式最美妙的部分，反而是當中有人出了「錯誤」，這個錯誤喚醒所有人注意到儀式真正的意涵，因而卸去原來的驕矜作態。人們的矜持常常只是讓儀式過程照本宣科演出罷了，儀式本身已變得空洞、缺乏實質意義。

想在靈魂層次上孵育意念，必須對創造力打開心扉；一旦意識提升到蜂鳥層次，創造力便能湧現；在這裡，儀式、詩歌、隱喻浮現上來，彷彿披上魔法從心底升起。以下的練習可以協助你接引蜂鳥的意識，找回創造力。

練習：生命中的哈依古

「哈依古」（haiku）是一種詩歌的形式，通常包含三行詩句，第一句和第三句各由五個音節構成，中間那句則由七個音節組成。主題多半與大自然有關，以喚起人們對於自我與天地合一、和聖性為一體的察覺。下面是這類詩歌形式的幾個例子。

第一首是我自己所作的哈依古：

桃樹在春天盛開
蹦跳小鹿的足跡謳歌我的早晨
新生命正在成形

日本詩人布福（Bufu）所作：

喔，我不在意
秋天的雲
將要飄往何處

詩人智內（Chine）所寫：

它亮起來
輕盈地一如它熄滅
一隻螢火蟲

您不妨也試試，寫幾首有關大自然的「哈依古」。別待在開著冷氣的家中，凝視著開機圖片上的蘭花作詩——必須真正走進大自然。一旦走進後院裡，或坐在公園的長凳上，清空腦中的思緒，把待做事項、世界亂象、工作、健康都擺在一邊，靜看樹、草、鳥兒、小昆蟲，然後寫下幾首詩。丟掉心裡面的批判——說我不會做這事或我沒這種天分寫詩，什麼都別想，去做就行了。當你寫完哈依古之後，一遍一遍將它們讀出來，讓自己感受當中表達的詩境，釋放掉所有批判性的思考。

接著，針對生命裡的某件事作三首哈依古，這件事必須是讓你傷透腦筋、找不出絲毫創意，或者覺得難以找到勇氣來面對的事。針對你與父親或與青春期的女兒的緊張關係，寫下三首詩，或者寫首詩獻給辦公室那了無生趣的工作間。對自己糟糕透頂的飲食習慣、藏在汽車座椅底下的香菸，也寫首詩吧！

重點是，在醜陋和極為厭惡的事物中，找到美、幽默和詩，這是接近內心勇氣的第一步：接納它的真相、不作批判。一旦採取這一步，就可以進行下一步了，重寫一個新故事，名為：「我的心靈之旅——走出恐懼與服從的陰暗地下世界」。

＊　＊　＊

任何時候，只要能力、時間許可，就讓自己浸淫在創作的樂趣裡。你不必真的創作出如詩如歌的偉大作品，但若能努力用創意過生活，對一切的機會敞開心扉，你就能受到鼓舞，大膽築夢。

每一個人都可以是真正的破除舊習者，雖然眼中觀看著他人也正觀看的物象，卻與別人有著不同的覺察。天真的孩子多半可以輕鬆做到這一點：他們從抽象畫（或就算是日常生活的尋常事件）裡所感受到的，往往令人驚訝，那是因為其直覺感受活潑而原始，未曾受到成人世界的影響和污染。

地球守護者認為，要能勇敢過生活、時時刻刻築夢、敞開自己接納真正的創意，就必須修成三門學科，這些修練可以協助我們擺脫自我批判，與內心的意念連結，並且自然地出於勇氣來行動。這三項核心修練是：㈠實踐真理；㈡淨化你的河流；㈢準備好隨時赴死。下面三章將分別詳述。

98.1

(中)

再見了 悲情 (韓)

真愛(日) 朝顏型 市場是

(可見N.下100上?)

快:活氣 (臺)

(吳天后用之 [illegible]
(只[illegible])
數(書評)!

指資價10万以上?!

(首播……年?)

99.1.30

(英) 超時空博士

Doctor Who (29年)

保護 (臺)

櫻花 ↙「某意外屍」 「非人類 外型如 [illegible] 病人!!」

闖入 (大醫院 背景)

「「水「寶宗器令」之抓捕?)

第七章
保持透明，實踐真理

Courageous Dreaming

你只有在為自己的需要來尋求時，才能發現真理，因為歷史的真相是屬於他人的。

真理如同沙漠上的海市蜃樓，對我們來說，任務不在於追求真理，而是去創造它。真理是一個立足點，是一項有力的行動，你會把它帶進每一次的行為之中。

真理是具備知識之人，帶進每一分每一秒的東西。

——維洛多與詹德瑞森（Erik Jendresen）
摘自《四風之舞》（*Dance of the Four Winds*）

這一章中要討論的學門是地球守護者最偉大的教誨之一。它說的是，當人們去實踐真理，他所說的每一句話都會變成真的：無論說了什麼，話中指涉的事都將來到，因為話語正是黃金。然而如果他不去實踐，任何所說或所做的事，都將變成謊言。

實踐真理需要的是戒慎、坦誠、真心接納他人和自己。最初必須使自己專注，而且不能假裝某些膽怯的片刻無關緊要。當你無法專注，便是在夢遊；當你專注，就會察覺到自己像是心不在焉，此刻你便不得不正視自己內心的浮動，從而引導出事實，譬如「我為什麼感到如此心思不定？」「是什麼想法讓我這麼不快樂？」「我現在體驗的是什麼樣坐立不安的感覺？」

在真理的學門裡有幾項核心的練習，包括不批判、保持透明、明白人人對自我的生命能掌控者多有限——因為大靈永遠是最後的主宰者。無論何時，當你愈是要躲開令人不安的真理，生命愈是會透過各種局勢，攫住你的注意力，逼迫你接受挑戰，讓你不得不放棄捉迷藏的遊戲。如果你選擇不去注意這些訊號，忽略它，終有一天你的身體會給你一記當頭棒喝。當你刻意避開一項痛苦的領悟，這時就會有一個故事製造出來，埋在潛意識裡，並烙印在發光能量場上。最後，這個能量就會以身體的疾病顯現出來。

只要下意識重寫我們創造出來的故事，就可以避開這種命運。個人所罹患的每一個疾病都是一個潛在的提醒，意在促使當事人修改故事、提升自我的意識。於是我們發現，我們所面臨的每一個問題，其實都存在一個靈魂層次的解答；因為在老鷹（大靈）的意識層次上，每一個疾病都是一次學習的機會。

當一個人害怕或憤怒，他會從一些身體的實際反應體驗到這些情緒。譬如心跳加速、肌肉緊繃、呼吸淺快、手心出汗，甚至因為憤怒或恐懼而不住顫抖。這樣的經驗是身體原始的本能，也是「面對／逃離」反應的一部分，是為了讓當事人有力氣去對抗一個危險的敵人，或逃離一個危險的局勢——在你還沒受傷之前所做的因應。

在現代社會，美洲豹的思考時常說服自己，任何眼前察覺的威脅都是高度危險的。古代人在看到一隻熊快速朝自己的方向走來時，會覺得必須趕緊保護自己或脫逃；現代人所意識到的危險則往往是，當有人指責自己不負責任而且又無能時，或者正在交往的男伴或女伴突然對你說：「我想我們應該試試跟不同的人交往。」雖然實踐真理鮮少要我們赤裸裸面對一隻熊，然而還真有一點那種感覺。

如果有一個人睜大眼注視你良久，而你心裡知道，他那表情是因為不贊同你，此時你可能禁不住又要讓舊故事在心裡重演——畢竟，你感覺又受到攻擊，而且真的想反擊回去。此刻你可以學習觀察身體對這潛在威脅的反應，然後選擇改變內心的想法、感覺以及之後的因應舉動。

當心裡的「面對／逃離」反應設定在「啟動」的位置，你就會活在恐懼中，用美洲豹的眼睛看待眼前的每一件事。恐懼會使你無法實踐真理，真理的實踐需要你練成無懼的功夫，而且發展出老鷹的意識。無論如何，在日常生活中規律地做一些練習——譬如放慢呼吸、在激烈爭執的當頭走出戶外整合思緒，或者下意識觀照自己內在的情緒，如問自己：「我很好奇，此刻我為何感覺受到威脅？」可以幫助你減低攻擊對方或即刻逃離局勢的反射動作，讓自己跳出美洲豹意識的緊張狀態。

在亞馬遜，他們把這種練習稱作「把美洲豹從樹上趕下來」。因為當一個人的美洲豹心思受到驚嚇，他的行為就會如這隻大野貓般，躲在高高的樹枝上不下來，而且還不斷對著靠近的人發出嘶嘶的恫嚇聲。雖然薩滿們有特別的能量治療技巧，把「面對／逃離」反應調整為中立的狀態，我們還是可以透過培養「專注」來修練這項功夫。

保持不批判、透明

時時刻刻對自己在局勢裡的反應保持醒覺，可以跳脫心裡各種批判聲音的干擾，譬如「我做出這麼壞的事，我一定極不受喜愛」，或者「她那樣子對我，她一定不是個好人。」我們明白，的確有一些醜惡的情勢使人感覺痛苦，但我們可以只用「那真是可怕」來下結論，而不用急忙判斷誰是受害者、拯救者和惡徒。

練習不批判可以讓我們看到大遠景，包括惡徒的恐懼，因為這個恐懼驅使他做出攻擊、防禦的行為；受害者的欠缺勇氣，以及他參與情勢製造的心態；還有拯救者的自我中心，以及他心裡對成為英雄的自以為是的期待。實踐真理意謂緩下來、退一步，從各個角度看待這個局勢，以便能夠對眼前的情勢取得最佳了解，而不是獲得一個被個人假想所蒙蔽的觀點。

在猶太教裡，有一種罪稱為「loshon hora」，意思是「道人長短」。根據這項罪名，人們若老是談論他人負面的事，卻沒有任何建設性，相當於詛咒他，而在閒聊的場合裡聆聽這些閒話，與到處散播一樣邪惡，因為你等於是積極參與這項行為。依據猶太律法，你所說關於任何人的話必須是真的，就算那內容恰巧是醜陋而痛苦的，如此才能避免無辜的人受到傷害。

在這樣的狀況下，談論事實就顯得格外重要，但不得評論，因為只有上帝才有資格這麼做。如果你談論某人的是非，不是為了避免他人受傷，最好還是保持緘默，不要老是說別人的壞處，無論這行為的吸引力有多大。

一旦你看到大遠景，記起每一個人都有屬於他的靈性成長道路，便可以比較容易放開心裡喜歡論說是非的欲望。接著便能實踐真理，表現出自己真實的一面；保持對自己價值的忠誠，以正直與勇氣來行動。

同樣道理，保持透明的意思是，讓別人看到真實的自己，毫不隱藏。為達到這個目標，不久以前，我看到一個新聞節目，當中一名政治學者正接受一名叩應進來的觀眾質問，要求她能否停止對政治敵手尖酸刻薄的評論。這位專家（戴著一副大太陽眼鏡）聽見對方這麼說後，馬上用極為諷刺的言語打斷這名觀眾的話，而且還不斷撥弄她的頭髮，毫不客氣地想轉移話題。雖然她試圖保持冷靜，但想要躲開對方批評的各種肢體語言，無疑表達出她心裡的不安全感和被人窺看的不自在。

事情就是這麼弔詭，當人們愈是想隱藏自己的缺點，愈是原形畢露。我們希望相信，自己能夠端出一套好的舉止來愚弄他人（包括自己），但卻經常失敗，而且還因為持續的自欺欺人，使得自己受苦更深。

只要有勇氣，就可以練就一套透明的功夫。你可以放棄一切使自己外表看起來強而有力、具有影響力、謙虛或聰明的嘗試——只要自然地做自己，卸掉把真實自我隱藏起來的虛偽外表。撥開遮掩的簾子，讓真實透出去，莫因為自己的弱點和失敗感到羞愧，就好像你不會因為自己的力量而感到羞愧一樣。不必害怕別人看到自己真實的一面，因為就跟其他所有人一樣，你也會有表現出愚蠢、貪婪、自私、感覺遲鈍、害怕的時候。

另一方面，保持透明，也意謂讓自己內在的美與勇氣如陽光般透出去，讓別人看見。如果能做到這一點，就不必再那般急急忙忙保護自己的名聲，或在物質世界裡創造社會地位和安全感。你會接納現在的自己、此刻的模樣；讓內在的美表達出來，讓這一份優雅也鼓舞他人找到其內在的美。

一個人不再隱藏自己的那一刻，就步入了創造力的源頭，在這裡，你可以選擇用不同的方式思考、感覺和行動；而且就在這一刻，你獲得了重生和救贖，而不必藉著鞭打自己，期待從上帝那兒獲得救贖。這並非說你不必對自己的行為做出補償，只是意謂你已開始步入重生的過程——無論原先負載的心理故事為何。過去的行為已經過去，現在你可以往前走，改變往後對應的方式。然後你會找到勇氣和動力，清理你所造成的傷害。

保持透明需要人援引最高層次的勇氣、並在靈魂的層次上構築夢想。然而若要實踐真理，你還必須明白和接納一件事：即你在生活中創造的一切，都只是幻影。

拒絕自我掌控製造的幻影

我們所經驗的一切和為自己打造的一切——包括權力、地位、自以為活得天不怕地不怕，而且創意十足、安全感等等，都只是謊言。我們將這些創造出來，以使自己感覺掌控了夢魘。事實上，每個人所擁有的人生都只是他基於內在需要所創造出來的故事，這個需要是製造一個迷思，讓自己覺得時時刻刻都很安全，而且一切都在掌握之中。

我們希望相信，自己在這個世界是安全的，而且能夠掌握自己的命運。然而事實並非如此。每一個人都只是汪洋生命之河的一部分，被挾帶著漂往大靈意欲帶我們去的地方。我們與大靈合作，共同決定這水流該往何處去。我們可以掌控的是，如何察覺自身與這個世界。大靈的意志是，一旦事涉生命真相的問題，祂就是那擁有最後決定權的統治者。

每個人都對自我掌控人生這個假相深信不疑，以此平息內心的恐懼，然而這種對自我的愚弄是維持不了多久的。宇宙間充滿了各種提示，要我們明白，不論你做什麼，沒有一個人是能夠真正掌握人生的。舉例而言，我選擇吃健康的食物、每天運動和冥想，但是我明白，就算做了再多的預防，仍舊不能保證我永遠不會遇上健康的危機。即便那些我們總覺得不生病的人，都有可能得到癌症、心臟疾病、多重硬化症……等等各式各樣的疾患；當然，還有意外事件（機會也是同樣難以預測，它總是在最意想不到的時刻來敲門）。

然而我們也不能因為這樣就放縱自己，索性對健康和自身的安全置之不理，不做任何適當的防範。我們不能基於自己來日有限的事實，而讓自己什麼也不做，彷彿癱瘓，因為過於害怕而不願走出家門一步，或冒任何風險。

要能勇敢過活、活出創造力，並不是要放棄明智的行為習慣或拒絕投保健康保險，而是要醒覺一件事——生命裡總有一些事是你無法掌控的。譬如，此間就沒有所謂「關係保險」的存在；事實是，愛也有終了的時候，因而你得敞開心接納它。同樣的，也沒有「羞愧保險」保證你不羞愧；因此無論你是否遭到他人的譏諷，你還是必須說出真相。如果我們告訴自己，可以透過對生活的控制來避免悲傷和不幸的發生，人們將因此陷在低層次的意識裡，不斷建造堡壘來抵抗災難。

實踐真理的意思是，你必須願意相信，任何我們所說和做的事都是謊言，這謊言的建構是為了延長我們在現實世界中所築的巢的壽命，包括社會名聲、婚姻、事業、家、信用等等。愈是相信安全感和掌控的假相，愈難碰觸創造力的源頭。

只要拋開以上想法，便能逐漸領悟大靈之手一直都在引導我們，只是我們不曾覺察。但也別因為這樣，就以為人不再需要為人生掌舵，隨時修改航向，只是你要做的不是對抗暴風雨。最終也許就像聖經中的約拿（大靈透過一陣大浪，將他帶到了尼尼微）一樣，我們會接受大靈的意旨，回應祂的召喚。

人們經常對自己撒謊，嘗試說服自己是什麼樣的人，如此好對自我的身分感到安全，並且不必那麼努力去面對自我的弱點。接納自己，嘲笑自我的瑕疵，讓他人看見真實的你，而不是看見一副假面具，要弄他們相信一個不是你的你。千萬別像我的一位朋友，他是一個非常有錢的人，而且總是要告訴每一個他所遇見的人（從餐廳侍者到計程車司機）有關他是誰以及他認識誰。他無法離開他的故事而活，所以總是把真實的一面掩蓋起來。

還有另一位朋友，是一個很有異國味道且美麗的單身女子，她從來不相信恐懼或欺瞞這回事。當她被問及從事什麼行業時，她會嚴肅地回答：「我從事的是服務業……我現在做的是打掃房屋。」觀察人們臉上的表情常常是一件極有趣的事，特別是看見男人在聽到她的這份宣告後，不禁拋下虛弱的藉口、離開舞池的那種模樣，更是啼笑皆非。很顯然，男人多半不希望自己約會的對象只是一個「僕人」。

當你實踐真理，就不會在意外表，也不怕暴露自己真實的身分。你會明白，「有錢人」和「管家」不過是個人的故事，不足以描述你是誰，因為你遠比所從事的行業和成就的事多得多。

當你有勇氣端看鏡中的自己，觀察那張面孔所透露出來的美麗與醜陋，那一刻，那鏡中反照的影像也正要開始改變。

透過智慧的勇氣實踐真理

人若是欠缺智慧的勇氣、不願承認自己的局限，也不能實踐真理。有一項簡單的舉動正足以表現出這類勇氣：就是對一群人承認，對於某項政治議題，你尚未採取立場，因為你還在嘗試了解問題、想知道更多有關這件事的細節。這麼說的同時，不因為他人對這份自白的輕蔑而覺得困窘或羞愧。事實上，最終你得夠勇敢，才能對自己承認，我除了知道一些訊息之外，別無所知。

真理不再是一項尋求，你不會再企望找到那些與自己有著相同見解或立場的人；找到一些人，好讓你可以舉雙手贊同。真理反倒是一個立足點，是你可以帶進每一刻、每一次努力當中的態度。你不再「尋求」真理，但確實把它帶進每一個局勢裡，無論執行的時候情勢多麼艱難。

我們所生存的世界是，不斷有專家告訴我們應該怎麼想，卻不讓我們有時間先消化原始的資訊。媒體非常明白，大部分的人都欠缺智慧的勇氣，他們希望獲得的是立即、足供護衛自我的意見。不幸的是，許多人喜歡用一些含糊的事實和理由來駁斥他人的意見，藉此證明自我觀點的優越性。人們十分容易掉入這類型不坦誠的談話，總是認定自己對事情已經了解透徹，卻不知道自己遺漏了一些更重要的訊息或某一個重要的觀點。

無論在工作上或是在關係中，從不承認自己欠缺某一項技巧或需要在某方面做些改進。只是不斷製造各種藉口，並且用充滿敵意和尖酸的態度來對待他人，好讓他人望而怯步，主動打消挑戰的念頭。

很多人喜歡用成串的行話，來使自己聽起來似乎比別人內行、精明，而且喜歡和同樣欠缺技巧又沒安全感的人聚在一起（物以類聚），形成聯合陣線，對抗那一個具有智慧勇氣的人。實踐真理意謂，成為第一個願意認可我們需要的是一個新的思考，承認：「我必須接觸更多的訊息或發展更多的技巧，才能做出一個好的判斷和決定。」

透過道德勇氣實踐眞理

有了情感與道德勇氣，人才能坦誠面對內心真正的情感，在任何關係中都能為自己的行為負責。如果欠缺這樣的勇氣，就會變成永不悔悟的偽君子，永遠不肯承認自己的不誠實。由於承認自己言行不一致的確讓人難以自處，所以在欠缺勇氣的情況下，人就會無可避免變成這個樣子。

以下就是我個人遇到的一個真實例子。過去我曾在美國東南部郊區住過一段日子，那一帶的人大多家境富裕。在那兒我認識一對夫婦，他們家族在那一區已經居住了好幾代。他們的父母和祖父母從未接納過非白人或非基督徒進入他們的社交圈。最年輕的這一代顯然決定要大膽突破舊規範，嘗試接觸祖先原本會斷然拒絕的異教徒。事實卻是，他們並不真的想打造一個全新的社區鄰里，以及一個更包容的鄉村俱樂部——他們只是喜歡聽人這麼說。

我太太和我接到俱樂部的邀請函，邀我們參加他們的晚宴。宴席上，我們的新朋友笑容可掬地告訴我們，依照往例，人們多半要等個五年才有機會成為會員，而且要繳納入會費六萬元，但若我們想要加入，他可以給與優惠，免除這些規定。出於自然的反應，我問他，為何我們可以享有這樣的優惠。他說，那是因為雖然我的太太是猶太人，而我是古巴人，但我們倆的膚色都很白。他的意思是，我們可以幫助他們向他人誇耀，這間俱樂部是對不同種族的人開放的，如此才不至於萬一邀請的是非裔美籍的夫婦，招致其他會員的不愉快。

這番解釋真令太太和我當場傻了眼。顯然，我們的鄰居認為他的妥協非常聰明，然而在我們看來，他們簡直是偽善到了極點。雖然我向來就不是會參加鄉村俱樂部那一型的人，但我決定瞧瞧，他有了我這個會員、甚至在我告訴他時常在亞馬遜地區與薩滿工作之後，他究竟會感到多自在。顯然，這一對所謂的朋友最後還是覺得，太太和我的膚色還是太過炫目，因而不能成為他們社交圈的一部分。後來我們再也沒他們的消息。

當我們實踐真理，並不是只把一根腳趾頭伸進河裡，而是整個人跳進河中，讓自己全身溼透。這當中不允許膽怯、妥協，也沒有什麼折衷的辦法；如果你只想實踐真理一點點，最後就會變成偽君子。

在這個年代，要想逃避、不去看自己內心的偽善是愈來愈不容易了。我們或許以為自己擁有隱私，可以免於被議論，但現在是YouTube的世界，任何人都可以用手機捕捉到我們的行為，然後將它貼上YouTube網站，供全世界的人觀看。這使得人很難規避自己無意中呈現的自私面，繼續欺瞞自己。看到某些人在電視上斷然否定自己曾經說的話或做的事，的確是令人非常驚異，他不知自己的影像已經在網路上流傳，被數以百萬計的人所瀏覽。

看到自己在影像中的面目，其實對個人的成長頗有助益。如此一來，我們便很難維持對自己的幻想，以為自己絕對不是呆板、自滿和欠缺安全感的人。同樣的道理，人們在觀賞相片中的自己時，也常常有難以置信的感覺，因為照片中的自己總是與印象中的自己有太多矛盾的地方。那看起來過多的贅肉、臉上的皺紋、僵硬的表情、流露出「我不快樂」的肢體語言，實在讓人難以相信那就是自己。

你不需要鏡子、照片或使你困窘的YouTube影像，反照出自己的行為，只要時時注意自己留下的「證據」，傾聽別人言語中留下的線索。下意識留意自己的行為，開車時是否像極了路是你開的，還堅稱：「哦，沒問題，我還沒瘋。」暗地裡，你卻已幾近瘋狂。

對自己保持忠誠

正如你已明瞭，用情感與道德勇氣來行動，意謂保持對內心價值觀的真誠。要活出正直，你必須清楚明白那些價值是什麼。或許你從小就是在一個規範嚴格的環境下長大，當第一次步出從小生長的鄰里（或安全領域），遇見一個用完全不同價值系統生活的人時，你的震驚必定非同小可。

不妨讓我用一個實際的例子解釋這個道理。那是我年輕時在亞馬遜探險所遭遇的親身經歷。一群朋友和我接受了雨林中一戶人家的款待。他們擺出豐富的宴席來招待我們，依據我們的了解，那是他們為了感謝我們帶來的禮物，所籌畫的回報。

一個年約十二歲的女孩對我的其中一個旅伴特別殷勤，那天晚上當我的同伴回到帳棚休息時，她還不斷路過，示意要進來給他一些乾淨的水或其他他可能需要的物品。對於女孩持續的關注，他感到愈來愈不自在，最後他終於忍不住走出去，搖醒我們雇用的嚮導，問他：「這到底是怎麼一回事，那女孩為什麼要一直招呼我？」嚮導問了村人之後，向我們回報，我們適才參加的是一場婚禮，令人震驚的是，新郎就是我的旅伴。

朋友和我都睜大了眼睛，不可置信，原來剛才我們肆無忌憚、大吃大喝，我的友人竟無意中娶了那個女孩！那天半夜，我們趕緊打包，連夜帶著一整群人遠離那個村莊。事後，我們對自己的行為導致女孩的羞辱，感到十分抱歉，於是自願掏腰包，讓女孩能在鄰村的學校裡上學。十多年後，我又遇到女孩，發現她已結了婚，已經有好幾個小孩，而且經常充當其族人和外地人之間的聯繫者。我感到非常快慰，心裡暗暗感謝這份資助果真讓她學會一技之長，使她可以在日後有所發揮。

在我的世界裡，和一個十二歲孩子結婚或是與一個陌生人結婚，都是無法想像的，所以我怎麼樣也想不到，竟會因為接受當地土著的款待，而表示同意了一樁婚事。然而身為一名人類學者，我也了解，每一個文化必然都有一套價值系統，當地人深信不疑，並且還常常以為其他人也奉行這套價值。在與價值系統迥異的人相處時，的確需要技巧。因此在實踐真理的時候，自己的行為必須總是與內在的價值觀一致，但同時又要尊重他人的價值觀。

為避免在發現自己與他人的價值觀不同時，內心的不自在，我們往往選擇固守自己原來的那一套。因而人們會傾向留在自己生長的鄰里，以使自己感到自在、安全。在這裡，他可以大剌剌陳述自己的意見，不怕招來不同意見的挑戰。當自己的理念受到質疑，或遇到一個友善、親切但卻承認他的價值與我們不同的人時，我們就感覺到震驚、不可置信。舉例來說，我們認為民主的價值理所當然，並堅信這是管理眾人最佳的方式、而且是放諸四海皆準的，卻不知中東國家的居民不見得能認同這一點，或許伊斯蘭律法對他們來說仍是崇高而值得仰賴的。

人只要能夠對自己保持忠誠，就能勇敢接受挑戰，大膽質疑自我心中的教條。然而許多人抗拒體驗這種痛苦的矛盾，決定固守自己長久以來抱持的信念……即便那套信念已經行不通，那正是為何在我們的文化裡有一條不成文的規則，那就是「絕對不要討論政治或宗教」。不去和自己相信的觀念角力，不去面對自己並不總是與所愛和關心的人信念一致的事實，的確容易得多。

我記得有一次與神話學家約瑟夫・坎伯（Joseph Campbell）吃飯，他和我分享了一句話：「現實不過是尚未被看穿的神話。」要展現情感與道德勇氣，我們必須拋開個人的真理（此真理不見得總是得到他人的認同），轉而實踐普世價值與真理。

實踐普世真理

現代文化普遍存在一種自戀的想法，即只要探觸到內心相信的真理，並且勇於說出來，我們便有了某種程度的崇高性。我們把目標放在自己有權表達自我的信念，卻忘了每個人都有屬於他個人的真理，而且對他而言同樣有價值——或者同樣無意義。實踐個人的真理是實踐普世真理的拙劣替代品。前者不但毫無創意可言，而且只為個人心中受害者、惡徒、拯救者的議題來服務。

世界上每一偉大的靈性傳統都談及一個普世的真理，它可以被所有的人體驗，有些人稱其為「永遠的哲學」或是「Logos」。另一方面，個人的真理卻是一個謊言，它的出現是為了合理化在面對萬物的神祕時內心的恐懼。如果我的真理和你的真理不同，那是因為兩人都執著於一個非常有限的概念，誤把自己的觀點當成了普世真理。一個人只要固守自己個人的教條，就會開始將它合理化，而就在那一刻，他便掉進癱瘓無力的噩夢裡。

如果可以丟掉個人的真理，就不會依據對自己有效的方法來評斷他人的真理。和母親之間的戰爭將結束，我們也會停止去比較誰做的努力較多的問題。例如關於全世界指責美國是浪費資源最多且最冷漠的國家，美國人的反應是，把手指指向其他團體和國家，指責他們浪費更多的資源且更為冷漠。當然我們從不會把手指指向那些較不浪費且表現出較多關心的團體，因為這麼做只能自曝其短。透過糾舉出中國釋放出更多二氧化碳，以及批評恐怖主義者多麼暴力等等，美國人合理化本身對於污染和暴力問題所制定的政策。當然，對於創造一個更潔淨、安全的世界，都未提出任何貢獻。

個人的真理深植於美洲豹意識中，它使我們固執地以為自己所想的就是「真理」，但那卻只是我們個人的「觀點」。在一份關係中，男人或許會說：

「你雖對我做了承諾，卻沒有貫徹到底、守住這份關係，所以你背叛了我。」這份告白合理化了他的認知，這認知就是，他的伴侶是惡徒，她加害於他。另一方面，她可能覺得沒有受到尊重也不被感謝，所以她的真理是，她才是受害者，而他是惡徒。

但普世的真理是什麼呢？是雙方都深陷在個別的心理、業障包袱中，以致其中一個人選擇結束這份關係。如果他們了解到這個更高的真理，他們或許就能慶賀一番，感謝彼此在這趟旅程中所做的努力。

普世真理不像個人的真理總是附帶強烈的情緒和批判，譬如有關全球暖化這件事，普世真理是人類正集體毒害了這個星球，因此他們必須約束各種有害地球的活動。關於和平的普世真理是，人類從事情緒、言語、肢體暴力的行為；在受到挑戰的時候，他們就會為自己找尋藉口。

通往和平的途徑正是實踐普世真理，如此我們方能走出誰是好人而誰是壞人的心理情結，協助我們勇敢而有創意地夢想，而不是去評斷彼此，但這樣的真理只能透過靈魂的勇氣才能被體驗和實踐。

透過靈魂的勇氣實踐真理

有了靈魂的勇氣，我們才看得到每一個可以展現和創造真理的機會，並且很快抓住它。真理會自然而然在行動和言語中流露出來；如果你能傾聽自己所說的話以及身體提供的訊息，我們會注意到，自己何時又掉入了謊言和噩夢中。

如果你正勇敢築夢，你會發現，你的語言是積極的，因為勇氣是積極的。然而用好聽的形容詞來描述自己，譬如「關懷他人」或者「有靈性、同情心的人」，反而讓人逃避去做真正具備關愛、靈性、同情心的舉動。同樣的道理，正如男人可以輕易成為一名父親，但真正「作為」一個父親則要比單純是一個父親困難多了。「成為」他人的愛人是一回事，但勇敢去愛、用關愛的態度去對待伴侶二十年，則又是另一回事。

或許過去你是一個關心別人、具有靈性和同情心的人，而且你相信，未來自己仍會堅持下去。但請記住，人總是喜歡耽溺於過去的榮耀，不論他們今天是否仍是如此。所以請大方承認自己心底的欲望，空想著自己是好人，還喜歡否認那些證明自己已不再是如此的證據。這種空想終至成了一種習慣。坦誠自己老是製造藉口，開始實踐真理吧！

勇敢築夢的人不會說這樣的話：「關於這種局勢，應該要有某種行動來解決吧！」他會說：「我應該做點事來改善這個局勢。我應該想得出一個更好的辦法來，幫助它實現。」有了靈魂源源不絕的創意和熱情，你會看得出來應該採取什麼行動，毫不遲疑地展現你的勇氣。

承認自己躲在虛偽的說辭背後，來逃避面對自己的不誠實、不道德、不勇敢、沒創意，是亟需道德和智慧勇氣的。一名案主告訴我，自從她改變一種方式來回答「你從事什麼工作」的問題，她馬上明白自己終於戰勝了內心受害者的故事。往後只要有人問到這個問題，她不再回答「我是一個單親媽媽」，接著敘述一連串她的苦難故事，現在她會說：「我正在進修寫作的碩士課程，同時養育兩個孩子。」把重點放在所採取的行動上，與心中的意念一致。

換句話說，外界對於你的稱謂——一個單親媽媽、一名企業家、一位癌症患者等等，不足以描述你所做的事。你或許正在學習、探索、療傷、創造、發現。勇於衝破那一個你給自己加上的名號，探索自己正在做的事，看看自己還能嘗試什麼不同的作為；只不過要隨時留意，你做的事必須符合真實的自己。

加入適時的幽默

幽默是實踐真理非常有力的工具，因為它會使生活中棘手嚴酷的局面變得輕鬆、容易處理，而且還可以藉此看清自己。那正是為何中世紀時，宮廷中的弄臣是王國裡唯一可以告訴國王醜陋真相的人。當你能夠嘲笑自己，就表示你有了勇氣。當一個人神態自若地嘲笑自己，會激發別人也丟開自我的假面具、實踐真理。

然而，幽默也可以被用來逃避真理。實踐真理意謂重視及尊重所有的人，那些意在挖苦、刺傷別人的幽默，是一種諷刺態度的展現，會將人推入一個正義惡徒的故事陷阱。另一方面，那些意在鼓舞他人、給與他人信心的幽默，可以讓人卸下武裝、提振精神。大笑可以讓你跳出一個局勢的情境，減輕誠實所帶來的刺痛。彌勒佛的傳說提到，他因捕捉到毒蛇、除去毒牙，使牠不得再傷害人，因而獲得頓悟。用幽默來加以調節的真理，能發揮療傷的效果。

幽默可以讓你看到，自己已經陷入肥皂劇般的拙劣腳本裡，提醒你可以創造另一種有力的故事，取代「我被好朋友背叛」或「醫生給了我一個可怕的診斷，奪走我所有的希望」這一類陳腐、了無新意的故事。有了幽默，你會看見瓶中只裝了一半的水（甚至只有四分之一滿），你還有若干的空間可以揮灑，將自己連結到樂觀與積極的態度上。你不會把自己想像成暮色中孤獨的牛仔，在馬背上漸行漸遠，卻想像自己在煙硝中重生，克服了對死亡和失落的恐懼。

當你說：「當一切都結束後，這一定會是個偉大的故事。」或者「我覺得我們似乎置身在全世界最糟糕的情境劇裡。」可以讓你和任何一個同在人生這條船上的人一同大笑三聲。如此也提醒了自己，任何一個情勢或局面都在不斷變化，一旦改變看待事實的方式，便掌握了改變現實的契機。就算置身在最黑暗的情境，表達自己的幽默感，就可以帶來光亮。

笑可以協助人釋放身體的緊張，降低壓力荷爾蒙可體松（cortisol）的指數，保護心臟、強化免疫力。無疑的，這個宇宙是有幽默感的，因為「笑」深深寫進我們的DNA裡。事實上，在印度教裡，那神聖的音節「Om」據說就是宇宙的笑聲。

人們每天的生活可以是荒誕不羈的，到處充滿了造物主古怪無常的證據。正如他們說的，如果你想要讓上帝大笑，那就告訴祂你的計畫吧！

找出實踐眞理的夥伴

大多數人的生活裡都至少有一個人——往往是家人或一個老朋友，能夠拒絕配合我們的幻想，把我們拉回現實，保持對自己的誠實。我們常常抱怨他、想避開他、甚至威脅要結束彼此的關係……最後卻發現，自己彷彿無法抗拒而被一種引力牽引與之互動。細想之後我們驚覺，且不得不承認，自己喜歡與他們在一起，因為他們不會輕易讓我們逃脫自己的不誠實。

當一個人過於率直可能讓我們覺得很不自在，但多數人會本能地緊抓住那一個值得我們信賴的人，他們總有辦法指出自己深陷的迷霧，或者對自己不誠實、言行不一致的舉動等等。

這樣一個具點醒作用的人，對於個人實踐真理有非常大的助益。你可以要求他人用委婉的方式與你溝通，但絕對要珍惜他人對你的誠實，並且有勇氣感謝他。

心理治療師時常無意中參與了自己心理的議題，他們好心提醒自己如何陷在過去的創傷裡，說道：「你知道嗎?!你的父親（或母親）有酒癮，因而你也會不由自主受到那些可能虐待你的人吸引。」然而好的諮商師通常會成為良師，溫和而堅定地要求你實踐真理，他們說：「我知道你的父親有酒癮且有暴力傾向，過去你也曾受到同類型的人吸引，但是，和一個一開始就告訴你他無法在關係中保持忠誠的人約會，究竟有什麼好處？」

那些點醒的人也可能說：「你又喝酒了？我以為你戒了呢！」她是你的小女兒，時常直指出你未解決的問題，然後說：「我看不出來為什麼我不能做同樣的事，既然你可以做的話。」她挑戰你提出一個更合理的解釋，來說明自己的行為。

下面的練習可以讓你丟開逃避的行為，開始作自己的良師。

練習：作自己的良師

我們喜歡相信自己無時無刻忠於自己內心的信念，但事實卻是，多數人在義正嚴詞表示自己從未違反自己的原則數秒鐘後，就已經背叛了內心最深的信仰。這就像蠍子與烏龜的故事。有一天牠們在河邊相遇，蠍子問烏龜願不願意載牠過河。烏龜回答：「我很樂意這麼做，但是我知道你一定會咬我。」

蠍子說自己不會這麼做，因為牠不會游泳，如果牠在河中間咬了烏龜，牠自己也不能倖免於死啊！烏龜聽了之後覺得有道理，同意讓蠍子爬到背上，載牠一程。就在烏龜游啊游、游到一半時，蠍子咬了牠的脖子，烏龜哎呀一聲大叫：「你為何咬我啊？」就在牠們正要沈入水中之際，蠍子回答：「沒辦法，那是我的天性。」

嘗試說出自己最崇高的目標：譬如成為一個偉大的治療者，或是在有生之年終結貧窮，或者創造美妙的音樂好讓數百萬計的人看見愛。即便你明白自己的野心聽起來非常誇大，也先別批判自己。讓自我暫時沈浸在此刻浮誇的想像中。現在自問，你的夢是什麼？請暫時排除那些數據形式的目標。那會不會是一件能療癒自己也能療癒他人的工作？你的夢想是否是透過音樂來表達自我，或希望鼓舞他人也進入音樂的世界？請記住，夢想不該是某一個供你達成的終點，譬如成就或權力，而應該是某一件你在今天就可以做到的事。

閉上眼睛，想像自己在今晚入睡之前可以做什麼，來顯現這個夢想。如果你選擇擬定一個長程目標——譬如預定半年後規畫一個可以讓自己靜心、放鬆的假期，或安排一次遊樂園之旅，與孩子們好好消磨一段優質親子時光，這些想法大體而言非常不錯，但此時此刻你就要截取其中片斷來付諸行動。想想看，今晚睡覺前，你該如何讓自己靜心、放鬆？今天，在孩子上床前，該如何與他們共處一段時光，即便是在電話上？

此時你已知想要做的事，也明白夢想是由靈魂的熱情所補給，而非由私我的意志力所餵養，那麼在今日終了之前，找一個方法採取勇敢的行動。你可能選擇說出一項令人不安的真理，以修補現下的關係，或者與某人用新的方式互動，以便與他建立更親密的連結。無論你計畫的行動是什麼，現在就去做吧！

＊　＊　＊

想要構築一個更美好的現實，專注、不批判、實踐普世真理都是必要的修練。這些技巧為下一階段地球守護者的功課鋪路，那就是淨化生命河流。

第八章
淨化你的河流

Courageous
Dreaming

做或不做，絲毫沒有淺嘗的餘地。

——尤達（Yoda）

生命如同流動的河水，當你愈想控制它的流向，愈是失控，直到被捲入河水裡。河底積滿了淤泥，那些是心理和因果輪迴傷口的有毒殘渣。對於該如何清理淤泥，你毫無頭緒，於是你把它喝下，嗆個正著——因而你更渴望水，補給生活所需的熱情。我們抵抗湍急的暗流，卻從未淨化河水，還持續吸引那些反映心理毒素的人、情境來到身邊。我們發現自己愈生氣，能使我們生氣的事情就愈多；愈覺得被遺棄，愈是被那些喜歡遺棄愛人的人所吸引。

不幸的是，沒有一種掙扎發揮了效益；生活在這條河裡，什麼也沒保住：沒有夢想、沒有希望、沒有愛、沒有熱情、沒有自尊。而我們的水並未在岸上灌溉出任何生命，最後的結果是，我們被一塊枯乾、死氣沈沈的荒地圍繞，當中什麼也沒長出來。

現在正是時候，是明辨出那些污染毒素從何而來的時刻，並且果斷關閉毒素的來源。

西方心理學告訴我們，我們得在心中安裝污水處理和過濾系統來淨化水質，以使水回復澄澈。對地球守護者而言，除了真理，沒有什麼需要進一步追尋。他們相信，一旦我們用清澈的水灌注，而非注入毒素，河水自然就會潔淨。於是我們可以隨水流而去，不論它流向何方，信任河水知曉哪裡是最佳的目的地。一旦河水清澈，便不必再費力探求自我的命運；它一直都在那兒，等待我們將河水轉為熱情與滋養的水源。

演練美善心地

只要把美善注入河水中，你會發現，水會一天天變得清澈。舉例來說，過去那些容易觸碰你心理按鈕的人，如今會漸漸遠離，也就是說，當遇到一個可能激怒你的人，你不再有興趣捲入與他之間的戰爭。同樣的，你對於發洩情緒也喪失興趣，心中激盪不起憤怒的動機。以前讓你覺得極為沮喪和憤怒的情境，如今變得只是一個情勢。你不會判斷它是好是壞、感覺它令你力量大增或無力，因為你明白，事實與真相是起起落落、不斷變化的，即便外表看起來靜止不動。你會記起，生命自會有所安排，反映出你健康、不受污染的狀態。

要演練美善心地，首先心中必須放棄那些描寫著某些人是受害者而某些人是加害者的故事，別再透過灰玻璃看世界，宣稱每一個人和每一件事都不符合你的期待。你必須丟掉嘲諷和冷漠的態度，在每一個人和每一件局勢上發現機會和希望。

在重視伶俐表達譏諷態度，慣於宣稱醜陋即真相、真相即醜陋的文化裡，要演練美的心地特別不容易做到。脫口秀主持人、政治評論家、網路部落格作者，全都喜歡揭露所謂「真相」。他們說沒有人值得信任、沒有什麼是可以相信的，說我們所有的英雄實際上都是笨蛋和騙子。很快我們就會發現，自己也這麼認為，到處都找得到陰謀者。一旦你的河流裡充塞著各種評斷好人與壞人的故事，它們就會像一大團污穢的東西遮住你的視線，讓你看不清真相。

演練美善心地意謂，在每一個情勢和每個人身上找到純真和真正有價值的東西。也就是即便你的鄰居對你做了件可怕的事，而且還深具毒性，你仍舊愛他如同愛自己，因為在他身上，你看到了他成為好人的潛力，而且也看到了那曾經是一個可愛孩子的部分（你可能得斜著眼費力觀察，才能從醜惡中發現美，但它一直都在那兒，在每一個人身上）。你得先護衛自己免於受傷，直到那一天那一刻，他發現了自身的美，並且開始表現在行為裡。

相信美的存在，一開始會讓人看起來天真、孩子氣，而非有智慧。但這是值得的，在選擇看見美的那一刻，你便有了力量上升到醜惡之上，一口氣拋開所有阻塞河流的故事。

記起美洲豹的勇氣

現代文化強調每個人需為自己的行為和處境負起最大責任……甚至有時還鼓勵人去感覺自己像個受害者，卻把個人的災難歸罪於他人，於是人便持續維持在未療癒的狀態。我們並不是不期盼做一個負責任、健全的個體，而是人們已習於接受從四面八方蜂擁而來的資訊，它們不斷告訴我們，解決問題的方法就是努力獲得某樣產品、服務或意識型態，來使自己覺得愉悅，同時還用一隻手指著他人，讓自己維持在受害者模式。從堅稱父母未給與我們所需要的東西，到怪罪中東恐怖分子造成世界的不安和緊張，我們所呈現的一貫態度就是：某某人是問題的來源。

人們愈是相信自己並非所置身局面的肇事者，愈容易為自己的受害情結編織故事，然後找尋一種快速的解決辦法。他放棄去演練美善的心地，因為要這麼做，尤其需要來自美洲豹的偉大勇氣。我們得放開心中對於事情應當如何的認定，轉而放寬視界去看見事實的變化。因而我們必須修改原先的假設，釋放心中強烈的情緒，正是這樣的情緒，驅使人陷入受害者、惡徒、拯救者的刻板情節裡。

現代人時常淹沒在自我的情緒中，彷彿被其催眠，到最後甚至崇拜起它們。我們混淆了個人的現實與萬有的現實，誤把個人的真理當成了普世真理，並且相信自我的情緒和認知才是最重要的。由於心創造了個人對現實的印象和觀感，所以當我們用負面的情緒和思考撰寫無力的故事時，就會變成一個真正的問題。若能接觸美洲豹意識的情緒、道德和智慧勇氣，就能把自己趕出那成篇無用的心理聯想之外。美洲豹勇氣能協助人淨化河流、演練善良的心地。

我的一名案主最近感到心靈受創，因為丈夫不願意在她動完手術後到醫院探望她。他的理由是，醫院對他而言是一個非常不舒服的地方，到處充滿刺鼻的藥水味和病患。他告訴老婆，他感覺自己必須「尊重」內在這種不舒服的感覺，因而不願意屈就到醫院去。老婆的需要絲毫不能影響他的決定，因為他個人的需要才是最重要的。

這名男子是否對美洲豹勇氣敞開心呢？如果他是，他必定早已把個人的感覺丟在一旁，坐在老婆身邊、給與她安慰，並從這樣的行為裡找到美。他會感謝她已得到良好的照護、正在逐漸康復，也感謝自己能夠在所愛的人身旁表達支持和關心。他不會分心察覺醫院的藥水味、聲音、景象，或者心裡面情緒的牽動。不幸的是，以上任何一件事，他沒有一個做得到。

沈浸在自我的情緒裡、沈迷於思索內心為何有這種感覺，甚至覺得花這麼多時間來自我探索是一件偉大的事，這種情形與絲毫不覺察自己內心的感覺和外在的行為，一樣令人癱瘓無力。自我觀照的確有其意義，所有的情緒——即便最不自在的那些，皆有其價值，因為它們能提示自己正在撰寫什麼樣的心理故事，提醒自己走出噩夢、重新構築夢想。問題在於，對於個人情緒和神經傳導物質的迷戀，會導致自我陷入自我觀照的泥淖裡，變得膽小怯懦、漠視他人，就如同希臘神話裡的納西瑟斯一樣。

根據希臘神話的描述，納西瑟斯是一位俊俏的美男子，卻因為過分沈迷於自己的想法，而拒絕每一個上前示愛的人，直到一位曾經被拒的女子因為憤怒其自私，而詛咒他經歷一輩子沒有回報的愛。

當納西瑟斯看到池水中的自己，竟不由自主瘋狂愛上水中俊俏的倒影。他傾身向前，想親吻他，卻發現他的所愛變成了一圈圈漣漪。他心碎、哀痛地啜泣，但不久又發現，他的愛人又回到了池裡。喜出望外地，他再度想親吻池水中的倒影，卻又再一次發現愛人消失無蹤。當池水又恢復平靜，他得接受一件事實——他永遠都無法碰觸他的愛人。於是他只得坐在岸邊，落寞地凝視水中的倒影，在悲傷中度日，直至死去。

就像納西瑟斯，我們大可以沈浸於心中對自我的想法，堅稱那完美的情勢一定會在未來顯現，因而我們不必接受現在宇宙所呈現給我們的東西。如果我們因為過分沈迷於心中的想法——例如我值得比這更好的東西，而持續拒絕眼前的機會，就會被詛咒每天思索著像「我是誰」、「我為何在這裡」這樣沈悶的老問題。我們只能鎮日枯等那不尋常的一天，等待人生最終安排了一件符合我們完美期待的事。當然，那一天永遠不會到來，於是你被凍結在池岸上，木訥地呆望水中的倒影。

坦誠面對自我個性的弱點，拋開內心的羞愧、困窘與自我防衛，是淨化河流最重要的起始步驟。但這只是起步，你必須接納自我的河水已經受到污染的事實。別老是找藉口說：「我就是這樣；人們就得接受我這個模樣。」任何一個靈性導師、治療師、忠心的配偶或孩子，都不會為你淨化河流，只有你自己能夠這麼做。

運用你的神奇力量

明白自己心理情結的由來，可以幫助我們辨別那些污染了河水、阻斷我們熱情的毒素，但那只是第一步。不幸的是，許多人從未展開下一步，這下一步即明瞭自己就是那來源。於是我們開始認出自己如何重複這些老故事，像一位編曲者最後只得不斷重複同樣的曲調，了無新意。

如果你困在一個名為「我怎麼會和這樣一個白痴結婚」的故事裡，請記得自己絕對有力量撰寫一個完全不同的故事，然後下意識「立即」建構一個新的。此刻在你充溢著勇氣的夢想裡，你已經重生成為一名英雄，過去的歷史已成為往後智慧與力量的泉源。譬如那幾年的婚姻生活，雖使你遭受不少身體和情緒之苦，卻教會你如何調適自己，並且懂得如何同情他人。

你並不是從達賴喇嘛的書裡學會同情的；你是在獅子的嘴巴上學會的。你的新故事會讓你從失敗的婚姻甚至在前任配偶身上找到美。這份同情讓你生出勇氣，感謝他或她所教給你的一課，無論這一課學得多麼痛苦。

卡通裡的英雄往往在一開始是個平凡人，在一次可怕的經歷（譬如雙親身亡、被有放射能的蜘蛛咬了一下，或躲在火箭裡被一個爆炸的星球拋射出去）後，才獲得了神奇的力量。這些悲劇標示著他們新生的開始，使他們擁有了超能力和過人的勇氣。

在下述練習裡，你可以發現自身的英雄特質，繼而從中擷取出你的力量。

練習：成為英雄的想像

回想一個自己曾經經歷的悲劇事件，構築一個情節，這情節不把罪過歸咎給任何一個人，包括自己。用第三人稱來敘述這個故事，描述那一次戲劇性的體驗、那一個人生的轉折，讓傾聽者明白你是如何發展出往後神奇的天賦。

記得你是那說故事的人，就在你以無比的力量和篤定講述新故事的那一刻，便已經使它成真。為達成這個目的，你必須解釋，為何離婚、被遺棄、生病、受苦、失去……等等，會使你獲得從前所沒有的能力。你新獲的力量是什麼？你現在能「飛升」到每日的困局之上嗎？你擁有了X光般的視力，可以看透人心、觀察到別人所看不到的事嗎？你可以像塑膠人一樣伸縮自如、用金手鐲閃避子彈嗎？

不同於卡通故事，你不必說自己因為與眾不同而被孤立或不諒解。在屬於個人的故事集裡，你的周遭可以環繞其他各顯神通的英雄，你時而可以用自己的無懼鼓舞他人，時而可以放個假，讓他人協助你克服困難。

撰寫故事時，無論在腦海裡或紙上，想像為了彰顯生命中的真理、正義、自由，今天你可以用這份能力做什麼。別把自己想像成高森市（Gotham City，卡通〈蝙蝠俠〉中的場景）居民的崇高拯救者，只要把自己看成一個謙卑的英雄，願意接納自我的命運，用神奇的天賦閃避不良的人物和局勢。接著離開自我孤獨的城堡，走進現實去施展你的勇氣。

用智慧的勇氣清除毒素

回想前章所述，智慧的勇氣指的是，願意敞開心接納新觀念、大膽質疑僵化的教條，並把自己過去累積的知識當成假設的勇氣。無論此刻已知為何，大膽加以試驗，一次又一次。或許今天你就會發現，那些你過去相信的東西根本就不是真的，又或者它是真的，但只是在某些情境下才為真。

當阿茲特克人在墨西哥中部定居時，族人們深信一則預言，預言中提到一位「黎明之神」即將來到。那是一個具有人之形體的神，他將帶來一場劇變，從此帶給所有人永續的和平與富裕。就在預言所暗示的時間前後，族中的斥候發現，東方海面上出現了好幾艘大型帆船，鼓動著巨大白色風帆而來。這些帆船出現的地點正是東方，那朝陽升起之處。

結果，抵達上岸的征服者被阿茲特克人當作神一般崇拜……接著感謝這些「神」，他們目睹了有史以來自己城市和生活方式最慘烈的摧毀。族中的祭司因為過分執著於對「真實」的概念，因而看不出來他們已經大難臨頭、美洲原住民正要遭遇史上最大的危難。然而這不代表那則預言的真實性有瑕疵，這當中只有時間是對的，但他們忘了把假設拿來放在現實裡加以檢驗。

人們之所以困在故事裡，其中一個原因是把它當作信念加以膜拜，彷彿它是刻在石頭上。某些治療法，如認知行為治療，可以協助我們退後一步觀察自己的信念；加以客觀分析，辨別出那些「知識」和觀點的局限性。當我們回頭審視從自己說出的話時，往往發現那些話語多麼扭曲、荒唐。

舉個例子說明。孩子小的時候，當我不允許他們做某些事情時，他們會抱怨我「從來」都不讓他們盡情地玩，說我「總是」對他們的要求說不。我很肯定，他們的感覺在那一刻是很真實的，但就像我所提醒他們的，我也曾經帶他們到錄影帶店，讓他們在那裡看電影直到深夜，或者用其他方式縱容他們。當然，在我拒絕他們的要求時，他們是不可能記起那些時刻的。

就算身為成年人，我們也時常扭曲對現實的覺察，來順從內心的感覺，並且常在事後否認。譬如我們堅稱「沒有人」真正愛過我們，「每一個人」都低估了我，我們「從來」都不如意。我們使用極端的語言——總是、從不、沒有人、每一個人，來表達心中的憤懣，這也顯示出許多人知覺的極度偏差。我們把各種錯誤的想法裝滿心裡，以致於誤認了事實：我知道自己永遠得不到父母那一代所有的財務保障，因為我們目前的經濟局勢一塌糊塗，或者說，「沒有一個人」適合我——我「永遠」也尋不到真愛。

身邊的同儕好友也不時鼓勵我們接納某些既成的「知識」，這些知識在今天或許為真，也或許不是真的，但無論如何都將我們套牢在僵硬、教條式的信念裡動彈不得，這些知識包括了：

- 男人喜歡自由，女人喜歡親密和連結。
- 婚姻是戀愛的墳墓，也是性的墳墓。
- 高中以後，一切都在走下坡。
- 退休是無關緊要的開始。
- 科技可以解決一切問題。

現代人在面臨健康的危機時，常常會出現兩種不同的反應。其中一群人會開始踏上深度的靈性之旅，探索自己為何會來到這個世界、經歷這樣的體驗，最後從疾病身上學到了重要的一課。另外一群人則開始進行醫療行為，每天拿著醫院的檢查報告研讀、分析，把所有的注意力都放在健康的維護上。

後者有時會跑來找我，期待獲得神奇的療癒。我得向他們解釋，健康是個人生活方式總合的結果，療癒也是，所以他們除了要與薩滿合作外，也得與醫生合作，同時在身、心、靈三個層次上來打造健康的故事。

事實上，我告訴我的案主，如果他們願意與醫生合作，那麼我只要在他們身上進行能量治療的部分，因為健康的議題需要你在每一個層次上著力。然而我也相信，人們往往把所有的希望寄託在西方醫學上，認為西方醫學可以解決他們所有的疾病，使他康復。他們誓死相信科技可以解決一切問題，於是把希望寄託在看來非常有效的新式治療方法上。的確，新式醫療方法或許有所幫助，但若是你有智慧的勇氣，願意大膽地說：「或許這是單純的科技所無法解決的事。」那麼你便能敞開來，接納過去你不曾相信或想過的其他醫療方式。

現代人被鼓勵學習CPR，好在突發狀況時（如有人心臟病發），能發揮即時的協助，救人一命——雖然有些人認為，即使是在最佳的狀況下，CPR和適當的電擊只能挽救非常小比例的心臟病患者。我們希望相信，只要有了正確的工具，就可以修補任何問題——因為，畢竟電視和電影都是這麼演的。當西方醫學和各式先進的儀器無法救人免於一死，我們會覺得相當訝異，不敢置信知識與科技竟也有令人失望的時候。

有了智慧的勇氣，你可以大膽質疑所有已知的想法，包括「永遠不可能」發生的事、「總是」發生的事、「每一個人」都知道且正在做的事、「沒有人」

會理解和接納的事。你開始發現到過去自己毫不遲疑便接納的文化迷思，是多麼荒謬，這些迷思使你陷在噩夢裡無法出逃；如今你醒悟了，開始重新考量它們的價值。接著你便能敞開自己面對宇宙所提供的每一個機會，回到自我的河流之中。

你不會想要被無止盡地套牢，不斷自我分析、被自己心理和情緒的問題團團纏繞。重要的是要拋開對自己、他人和情勢的批判，只帶著好奇心客觀觀察。當你觸及智慧的勇氣，就可以重新思考自己正在做的事，以及為何事件會以如此的方式展開。宇宙究竟在提示你什麼，祂是否要你學到什麼樣的教訓？

找回探索的好奇心

丟開恐懼，找回探索的好奇心，讓自己在每一個局勢裡發現機會。在「我有問題」的故事底下找到潛藏的美，那可能是與伴侶更深層交心的機會（你們正共同從失去的創傷走出，逐漸療癒中），也可能是與孩子發展出更良性溝通的機會，因為你發現他開始抽菸。於是你獲得了平靜，心中的想法和情感找到了平衡，並且更容易表達出美洲豹的勇氣。

當一個人能暫停忙碌的工作，找到一個平靜而足以反思的時刻，便容易觸及美洲豹的勇氣、演練美善的心地。通常在強烈的言語和情緒狀態下，人是不容易保持平靜的，無論那些情緒和言語是你的還是他人的。開車的時候偶然犯了一個錯，這時你會聽到另一位駕駛對你大吼，罵你是白痴。注意一下當有人對你按喇叭，你的反應為何——即刻給與方便，還是覺得自己犯了一個錯。你有必要拋開心中緊張、憤怒、困窘的情緒，丟開諸如「我是一個可怕、危險的駕駛」、「這路真令人混淆」的想法，想辦法恢復平靜，而當然，這麼做是需要勇氣的。

智慧的勇氣可以讓人深呼吸，從負面的想法、扭曲的迷思——譬如「任何在路上想要超到我前面的人，都是自我中心又邪惡的混蛋」——退後一步。你可以看出來，雖然有時候這是真的，但卻不是解釋那人行為唯一的理由。有時當你經歷過這樣的意外，最好在事後找一個時間靜下來，重新獲得或調整你的觀點；提醒自己，遇到壓力時，要拒絕舊的內心故事在心中上演是一件多麼費力的事。在下面的練習裡，你將學習到，如何質疑過去你認為理所當然的信念。仔細審視那些你以為不容懷疑的事實，慢慢你會發現，原來那只是你個人的真理。

練習：腦力激盪正負面特質

找到一個令你非常懊惱、氣憤甚至可能大發雷霆的情勢或人物。閉上眼睛，試著想一想這情勢或人物身上有何正面的特質。當你陷在一團車陣間動彈不得，四周又圍繞著虎視眈眈的駕駛，這局面是否潛藏任何積極正面的意義？當你忘記一個重要的約會，事後還得向對方抱歉，這當中是否也有好處，可以讓你鬆一口氣？如果你被裁員，如何從厄運裡看到光明？那討厭的政客、名人、同事、岳父母或任何一個你覺得不能忍受的人，他們身上有何優點？那一位你沒有投票給他的總統，有沒有值得你愛和尊敬的地方？面對失去，當中難道沒有獲得之處？

正當你嘗試從沮喪的事件裡找尋積極的一面時，想一想還有什麼禮物是潛藏而被你遺漏的。有沒有什麼困難的一課、令人不快的提醒、使人緊張的機會暗藏其中，這些東西原本是你極力避免，卻可能協助你向前跨出一大步，邁向心靈的成熟？

接著，找出某一件你喜愛、景仰或深受鼓舞的東西，想像它醜陋、令人不快和厭惡的一面。擁有一個深愛你的情人，是否也帶來某種麻煩？對於你美麗的家，你有沒有什麼抱怨？對於一籃可愛的小貓咪，有沒有令人抓狂的地方（此一練習的重點不在於培養悲觀的態度，而在嘗試從能夠帶給你快樂的事物上看到陰暗面）？

正當你敞開接納內心的創造力和誠實，指出那些你欣賞（或者你被告知必須去愛和欣賞）之事物的缺點。探索事物的黑暗面，別因為對「應該」要使你快樂的東西持有負面想法，就批判自己，或覺得有罪惡感。當你能指得出來隱藏在心理底層陰影下的東西，將它置於光亮下來檢驗，便能下意識選擇將它丟棄。譬如以下的想法：情緒上的親密其實像個牢籠一樣，這種伴侶關係令人窒息，且讓人無法探索人生的全部，或者只要想到我得繼續不斷打掃和重新布置我的家，就覺得厭煩。

你必須有勇氣質疑心中的教條，願意試驗大腦中既存的各種假設。今天，親密關係是否真如一張網將你深深套牢？身為一個男人，你對於關係中情緒的安全感沒有強烈的需求是不是真的？目前是不是有哪一個人彷彿在背後一直拉著你，使你無法大步向前？或者你凡事獨立自主，缺少其他人的幫助？如果你讓「家」自求多福，不再隨時更新它的樣貌，轉而把精力、時間、金錢放在其他事上，會是什麼景況？

藉由質疑個人的真理，同時探索潛意識的想法和感覺，你便已經向創造性思考敞開、勇敢築夢了。

以道德勇氣淨化毒素

為了淨化河流，你必須展現道德勇氣，這意謂你不僅要能辨別出對的事情，更要確實去做。辨別出正確的事其實是不容易的，特別是當你深陷在美洲豹層次的心理噩夢中。你可以從拋開憎恨、批判、憤怒開始，然後問自己：「我如何同時尊重他人的價值觀和我自己的價值觀？」這麼問可以使你拋開心中矛盾、傷害、憎恨的扭曲信念，進入蜂鳥的意識。蜂鳥這個符號具有非常重要的象徵意義，這種勇敢的小鳥只吸食花蜜，從來不會拿衝突、不和諧餵哺自己。動物的行為多少可以作為人類的借鏡。

有了道德勇氣，我們會為自我的行動負起個人的責任，而不是嘴上說說而已。我們向他人說抱歉，內心卻想著自己是對的。我們明白，一個道歉並不代表自己是壞人，或做了什麼壞事，只是因為看見對方受苦而同理對方。有了道德勇氣，我們願意彌補對他人所造成的任何傷害，而不會極力護衛自己的行為，然後說：「好吧，我的確做了這件事，但你做的事更糟。」或者說：「我的行為觸怒了你，但那不是我的問題。」道德勇氣會促使人和自己、他人和平相處。

有了情感的勇氣，人方能在親密關係中大膽表現愛。請記住，每一個曾經在我們身邊駐足的伴侶，都是來協助我們康復與成長的。當他們激怒我們，使自己含恨在心，他們只不過是在我們撰寫的故事裡盡他的本分而已。

往往我們會將愛人轉變成親密的敵人，指責他要對自己的不快樂和失敗負起全責。大部分的專家都同意，羅曼蒂克的愛情一般只能維繫兩年，之後便走下坡，從此戀人彷若從天堂跌入了地獄。情緒勇氣需要的是，人們從愛之中「升起」，而非「跌入」愛河。我們必須成為英雄故事的作者，在其中，我們停止尋找下一個「對」的伴侶，自己就變成一個適合作伴的人。這類勇氣意謂，我們不必更換伴侶，而要改變關係的故事腳本。

當你能找到道德勇氣，丟開自我保護的姿態，別期待立即的責任解除和釋放，也別堅持一定要有人同意你的新故事。請記住，這也是個故事，您只須忠實成為一個說故事人，拒絕跌回舊的議題上，又把自己看成受害人。

有趣的是，通常在一段婚外情之後，那一位背叛誓言的人往往痛悔自己所做的事，並且以無比的溫柔對待伴侶，唯一憎恨的是，伴侶不原諒他。他憤怒之餘，還要求預先知道何時才可以終結睡在沙發的命運，以及另一半何時才能對他重拾信任。彷彿她得對「憎恨」訂下時間表，說「好吧，那就下個月十五號，從那時起我會再提供我的愛和信任，毫無保留的。對於你的觸怒，這樣算公平吧，你覺得呢？」

當然，道德勇氣也需要那一位被背叛的伴侶釋放掉心中的恨，而非一直緊抓住被背叛的故事。受傷、憤怒、不信任都是足以喚醒同情的強烈情緒，但如果持續抓著它們不放，這些情緒將變成心理的傷口，在實際生活裡不斷重製同樣的情境，以反映出內在的受傷、憤怒與不信任。

道德勇氣能給與我們力量原諒自己和他人，因此淨化了河流。我們從許多瀕死經驗的描述裡知道，當一個人從物質世界過渡到時間不存在的靈的世界時，其腦海會再度喚起每一次受傷和傷害人的記憶。我們因為感覺得到他人的感覺，於是放開了心中對他們的埋怨與憎恨，同時也放下自我的罪惡感。雖然如此，淨化河流的過程卻可以在任何一個時刻發生。

舉一個親身的例子說明。當我的父親病危時，他的意識清晰，並要我幫助他度過死亡的過程。於是我要他想像自己坐在河邊的圓石上，俯看河水，河裡有他漫漫人生的每一段回憶。起初他覺得很難進入狀況，於是我督促他想像自己第一次穿長褲的畫面，回想自己還是個小男孩的時候、在他所住的第一間房子裡的情景。視覺回憶慢慢回到他的腦海，像一條河在他眼前源源流過，我在過程中引導他請求他人的原諒，並且原諒他人。

在兩個禮拜的時間內，我們做了這個練習數次。我看著父親，聽著他哭泣，對著記憶中的人訴說，包括他自己。最後當他與生命中每一段回憶和人物都言歸於好時，他走了。我明白，他死後不再需要淨化河流，因為他已完成這份艱巨的工作。

撰寫療癒故事的關鍵在於，能夠演練美善的心地，那些內心不存在美的人只能帶來苦難。這麼說不代表我們要撰寫如同童話般結局的故事，只是意謂，我們所寫的故事以及所付出的每一分努力，都是本於創造的原則，意在為每一位與事件有關的人物帶來美。發現DNA分子結構的華特森（James Watson）與克里克（Francis Crick），就是本於一個大原則，這原則是，不論人類生命最基本的形式是什麼，「它一定是美的」。納瓦荷印第安人有一首詩這麼寫到：「美在我眼前，美在我身後，美環繞我四周。在美之中，我行走……」任何一段療癒的故事，必定隱藏著優雅在裡面。

有了美洲豹的勇氣，你可以透過演練美來淨化河流；以美善的心碰觸每一個人、事、物，取代用恐懼、憤怒、憂慮來接觸。於是你會發現，你的河水慢慢變得清澈了，你可以描述更多可愛與優美的事物，而你就是那說故事人——不僅僅是那深陷在故事裡的人。

有了靈魂的勇氣，你可以將自己浸淫在河水中，全面接觸生命的熱情。你接受自己不掌控河水流向的事實，只能盡力潔淨河水，並且在灌溉田地和牧草地的同時，學習到如何滋養自己和他人。想像你的關係可以是何景象；想想看在某些極具挑戰性的局勢裡，自己可以如何與陌生人互動；以及在某些微小的片刻，當恐懼把你拉回較低層次的意識裡，關閉了接觸勇氣的門，你會怎麼做？想像若你拋開心中的教條、僵化的信念、對某些情勢的固定情緒反應，這世界會是什麼景況？

如果你有勇氣演練美，無論這件事多麼困難，你便能淨化自我的河流，拋開私我創造出來的恐懼。在演練美的同時，你會發現自己已經準備好進入地球守護者的下一個階段，也是第三項修練：準備好隨時赴死。

第九章
準備好隨時赴死

Courageous
Dreaming

害怕死亡的人已經失去他所覬覦擁有的生命。

——古羅馬監察官伽圖（Cato the Censor）

地球守護者認為，要勇敢築夢、全心全意活著，你必要在每天早晨醒來時，把今天當成是生命裡最後一天。只有在你願意面對肉體終會死亡的事實，並且你也掌握不了何時將結束肉體的存在時，你才找得到勇氣，停止躲避死亡的妄想，轉而把精神放在「活著」這件事上，思考如何活出創造力和意義。要能夠準備好隨時赴死，是需要極大勇氣的。此刻我們需要情緒的勇氣來大膽說出真相，並且毫不拖延地向他人表達你必須說的話。

人們大可輕輕鬆鬆地自我安慰：「她知道我愛她——我不必大聲說出來。」或者「他知道我對我們的爭吵感到非常不愉快，但我之後會想辦法化解。」這麼想的同時卻拿不出真正的勇氣和決心。除此之外，人們還需要道德的勇氣，驅使行為符合心中的原則，而不再老是找藉口解釋，即便之後再找個恰當時間來實現內心的原則，應該也無所謂。

有了道德勇氣，我們不會眼看自己所造成的混亂（或繼承的混亂），卻不採取任何行動，然後說：「讓別人去想辦法解決問題吧！」準備好隨時赴死也需要智慧的勇氣，勇敢拋開個人繼承自家庭、宗教、文化有關幸福之必要條件的既成觀念。也就是，此刻應大膽質問自己幾項難題，譬如「如果我永遠不結婚也不生小孩，我可以感到滿足嗎？或者若我不曾到世界各地旅行，仍可以不覺得遺憾嗎？一旦依照自己內心的召喚去做，結果卻是愛人離我而去，我能接受嗎？」

智慧的勇氣也意謂，勇於對我們視為理所當然的人或事改變想法。譬如哥倫布，他便擁有當時多數人所欠缺的智慧的勇氣，才能大膽設想地球不是平的，力抗眾人的想法，堅持自己的理念。今天還有許多人繼續活在「平的」世界裡，帶著一套僅對自己發揮作用的想法和意見過活，卻限制了自我對真正現實的體驗。

帶著蜂鳥的勇氣勇敢築夢，意謂在某種方式上跟從內心的召喚，不論生活裡有多少難以移除的障礙。你不必等到一切都準備齊全後才去行動，譬如財源充裕、有足夠的空檔，還要得到家人朋友的支持和了解後，才來築夢。如果你的畫布在你死去的那一刻尚未完成，至少那一刻你是一個藝術家，而不是個只作白日夢的夢想家。那些人只會在嘴上說說自己想要的生活，偶爾在閒暇時刻受到一點鼓舞淺嘗即止，從未真正把夢想落實到生活中。

人們不斷拖延實現自己想要的生活，因為總以為自己還有時間。我有一位朋友為自己的退休生活妥善安排了各種計畫，他孜孜矻矻在一份厭倦至極的職務上繼續工作到六十五歲。本想這時候就可以實現夢想了，沒想到退休後兩個月，他就死了，他那延遲許久的夢想最終只成為泡影。他的孩子們彷彿從父親身上學到了教訓，分別用了他們微小的繼承財產去環遊世界了。

人們若能對於「死神可能隨時來敲門」保持警覺，就能擺脫心靈死亡的僵化狀態；僵化使得人把夢想的能力冰凍起來，一天拖過一天，空想著人生有一天會變好。地球守護者說，當一個人陷於噩夢中，就會變得了無生氣；了無生氣要比人真正結束肉體的存在還要糟糕。然而在我們身處的文化裡，人們早已忘卻這種心靈之死，因為多數人只害怕肉體之死。由於害怕那大限之日的到來，所以持續帶著幻想忙碌，試圖不讓它接近。

幻想戰勝死亡

從前在巴格達的一個市場上，有一名僕人撞見了死神，大驚之下，匆忙丟下所買的東西落荒而逃。回到家，他上氣不接下氣地乞求主人：「可否借我一匹跑得最快的馬，我在市場上碰到了死神，他恫嚇要取我的性命，所以我用盡全力跑回來。我得遠遠逃離他！」

主人說：「就騎我最快的馬吧！或許今晚你可以逃出死神的追趕。逃到撒馬拉吧，他在那裡絕對找不到你。」僕人連連謝過後，騎上馬，全速前進，他直奔撒馬拉，到那裡還需要好幾個小時。

主人接著走到了市場上，他看見死神，便問：「你為何在剛才稍早的時候威脅我可憐的僕人？」

死神回答：「我沒有威脅他呀！我只是很驚訝看見他，如此而已。你看，我還正期待今晚要與他相遇呢——在撒馬拉。」

如同這位受到驚嚇的僕人，人們總是拚命躲避死神的追趕，想要否認其必然性。我們使自己非常忙碌，每天有著趕不完的重要工作，心想只要留著足夠未處理完的項目，大限之日就不會找上我們，打斷重要的工作。人們喜歡說：「我的公司少不了我。」或者「要不是我在家掌控一切，我們家早就四分五裂了。」我們不能忍受不帶手機走去街角寄封信。如果你常使得其他人在一天之中都找不到你，你便不得不承認，就算沒有你，地球還是會繼續旋轉。

害怕死亡使得人活得匆忙，想盡辦法希望遠離它的要脅，結果卻是深陷在毫無知覺的存在裡。正如蘇格拉底說：「小心忙碌生活所帶來的無聊。」我們口口聲聲說的重要事，連在待做事項裡軋上一角都不能，包括與孩子親密相處、和伴侶長談等等事；你不斷延宕這些重要事，因為你得完成一份報告，或到電腦商場去添購一些硬體。

對於沒有去實現夢想，我們常常有合理化的解釋，認為自己沒有時間、金錢或後援，這些藉口深植在蛇層次的恐懼和美洲豹意識的內心故事裡。其實我們真正欠缺的資源是對恐懼與噩夢說「不」的勇氣，然後大聲對夢想說「是」。這讓我想起我的母親。在她八十二歲時，母親告訴我，如果年輕一點的話，她會想嘗試一下高空彈跳的滋味，或許這活動在她聽來是個完美的冒險。

我告訴她，有一種比較安全的運動與高空彈跳類似，但比較適合她的年紀，叫做流馬，是在兩點之間架上鋼索，人綁上皮帶連到繩索上，就可以從這一點滑到另一點。於是我那年過八十的老媽就這樣被送到猶他州的山上，嘗試她生平最刺激的冒險。想想看我們有多麼常拒絕冒險，即便年輕的時候也是如此，只因為心裡總是有過多的擔心和恐懼？

我們不必在沒有繩索的情況下縱身往下跳，但你可以跳入五味俱全的真實人生裡，而不是從頭到尾踮著腳尖在安全範圍裡觀看。這又讓我想起，每一次一有工作坊的學員跑來對我說：「我很高興我來了！我早已看過你的書，而且幾年來一直想這麼做。」時，我就會聯想到，他們究竟避開了多少人生的風險，如果他們得花這麼多年的時間才有勇氣跨出舒適領域一步，開始他們的療癒旅程的話。

在以下的練習裡，你可以開始想像，今天可以如何做來顯現夢想，無論當中存在多少阻礙。

練習：完美的一天

早晨當你睜開雙眼的那一刻，有什麼事發生了？你立即跳下床、馬上展開忙碌的一天嗎？如果答案是如此，那麼下一次請留在床上久一些，回想剛才的夢境。接著，在那清晰的空想狀態下，想像你完美的一天。想像與你互動的人、你們之間談話的品質如何。聽見自己說出那必須說出的真相，也聽見那幾句「我愛你」、「我原諒你」、「我很抱歉」脫口而出，對著那些你一直以來想有所彌補的人吐露。你彷彿看見你吃的食物、所在之處以及晚上睡覺前所發生的一切，儘量想像每一個細節。

現在自問，在日落之前，你可以做什麼事來體驗這完美一天中的每一個元素，從自我的情緒到與他人之間的互動以及所從事的冒險。當外面是酷寒的天氣時，該如何把熱帶的椰林沙灘帶到你的世界？當你得準備晚餐，又要回覆成打的電子郵件時，你又該如何在浪潮裡戲耍？此時此刻、在你的世界裡，放鬆、喜樂、怪誕的幻想、原始的大自然，要到何處去尋找？

別老是以為你有一整個下半輩子去計畫和創造這樣完美的一天。讓自己擺脫因果輪迴的包袱，這包袱使你不斷自我催眠，使你以為自己怎麼樣也得不到心中期待的那一份關係。所以你根本不敢再冒險，而且你也忍受不了，一旦踏出去做真正想做的事時可能引發的荒謬與譏嘲。除此之外，還要丟開自己沒有金錢的藉口，因為只要你為夢想設定了意念，財源和資源自會在意想不到的時刻出現。

記得探索夢境中的每一個元素，它們象徵了你最鍾愛、最重視的價值。如今你知道，此刻你可將它們帶進生活裡，無論身在何處、正在做什麼事。或許那完美一天的場景發生在義大利，在那兒，你可以悠閒地坐在露台上，盡情品味優遊自在的午后，啜飲美酒，享受眼前花園的美景。在蜂鳥層次上，你明白自己一定找得到方法到達那一處，不論實際上或象徵上。你認得出來，那裡有百花盛開，像瀑布一般層層而下，只為了感官的愉悅，還有充裕的時間足夠讓你享受一切，無論那是在托斯卡尼還是在托雷多。

另一方面，如果你依舊急急忙忙如同趕集一般，試圖湊足一筆旅費，好帶到夢中的度假地，雖然最後果真讓自己置身於義大利，但你可能會大失所望。你可能發現，旅館沒有無線上網的設備；醇酒雖美，價錢卻是自家的兩倍。關於那國度足以喚醒感官的種種美境，全然不是佛斯特小說裡所敘述的那樣。最後你下了一個結論，問題出在義大利，而不是自己不願意放下瘋狂的活動，臣服在足以喚醒感官的體驗裡。只要這種意識不除去，無論你身在何地，也不管生活的真貌為何，你遭遇的結果都將是一樣的。你不會真正活著，因為你忙著躲避死亡。

洞悉自己害怕哪一種死亡

我們以為自己害怕死亡，然而人們真正害怕的應是對於「自我」（ego）之意識的結束，那一個我們所認識和鍾愛的「我」。因為害怕死亡，於是我們要躲避它的追趕，就像那一位巴格達的僕人。再一次，我們藉著使自己忙碌，假裝自己很重要，因為重要，所以人生計畫不可能被硬生生打斷。我們所必須做的是，拋開個人的重要性——那一個有著獨特記憶、人格、性情的「我」其實不那麼重要，轉而認同那一個超越生死的靈魂。

隨時準備赴死的勇氣來自於一份洞察，明白那一個有著記憶、人格、性情的「我」，並不是唯一的我。你尚有一個不朽的我，但要認同那一個「不朽的我」，而非有著軀體的我，需要極大的勇氣。愈能認同自我的靈魂，把意識調整到蜂鳥層次上，愈容易拋開個人承載的心理故事，卸掉一世又一世扛在身上的業障。你會覺得自己輕盈許多，更容易進入老鷹的意識，在那裡，「我」不再以分離的個體存在。置身在老鷹的意識裡，你覺得那裡像個家，因為它確實是家。

當我們停止認同自我的個性，拋開身上的業障，回到老鷹畛域的家，就不再恐懼肉體的死亡，以及在地球上生命的結束。明白自身不朽的本質後，便能永遠浸淫在廣大海洋的無限裡，或者為了學習和服務的目的，再次以人身的形式降生，回到世界。於是便成為「神之化身」（avatar），一種更高層次的有機體，經過深思熟慮後再次誕生於俗世。人若是更進一步超越自身的靈魂，就會獲得星辰、銀河的意識。身為「落入凡間的神」，我們擁有完全的自由，在一個遠比個人靈魂更高的層次上來構築夢想，於是我們便參與了星星甚至整座銀河的夢。

我們可以在突如其來的一瞬間進入老鷹的意識，但是卻可能要花上數輩子的修練，才能獲致這一瞬間。當我們體驗到無私的愛，便能嘗到「無限」的滋味，運用這新獲得的意識來減輕對未知的恐懼，那未知就在死亡的前方等著我們。當人可以擺脫對於「我」之死的恐懼，便可以全心參與，用一輩子的時間構築能夠造福全世界的夢想，而不只是造福自己。

我記得自己對無私之愛的體驗，是當第一次抱著剛出生的兒子時。有那麼一剎那，或是一世的時間，「我」消失了，所有的存在只有孩子生命本身。當我棲坐在老鷹的意識上，我很明白自己一直都在那兒，並不需要一個外在的刺激（譬如兒子的誕生），來提醒我如何回到那一個「家」。

一旦經歷過老鷹的意識，看待事物的方法便不再相同了。你會意識到一個事實，在你之後，會有另一個人行走在土地上，你的行動會影響未來的每一個世代。

我有一個案主，他居住的區域有一個特點，一旦污水系統裡積聚了過多污水，就會自動排到一座湖裡，但那座湖卻是數百萬人用水的來源。因而他總是在雨天裡小心翼翼接取雨水，若必須大量用水的話，就乾脆省下數次洗衣及洗車的日常工作，如此便有助於湖少受點污染。除了身體力行之外，他還把這個想法分享給鄰居。他這麼做完全不想引來任何注意，也不想擁有像「湖的崇高拯救者」或「好市民」這類的名聲。他對待湖就如對待自己一樣，因為他明白，天地間並沒有所謂「人」與「湖」的分別——而只有大靈，以人或湖的形式來體現自己。

體驗過老鷹的意識之後，你可以把這份智慧帶回較低層次的知覺上，將它應用在日常生活裡。任何欠缺感或對於物質的渴望都將一併消失。你意識到，自我的河水是更寬廣無限之河的一部分，那裡永遠流淌著純淨的水，而且你決定，只飲用從這兒來的水。無限之河的水晶瑩爍亮，充滿養分，魚群濟濟，水草茂盛，你內在之河的水也將滿載養分，滋養這個世界。

與自我的角色解離

對於大部分的人來說，對於自我的定義是如此重要，以致於我們緊抓住既有的標籤和角色，從不探索一下可以如何重新定義自己。我們的角色就是口中的「我」，沒有了這些角色，我們彷彿失去了自我的「精髓」而死去。

在以下的練習裡，你將焚毀自我長久以來扮演的角色，以便拋開它們加諸的種種限制。之後你會重新發現它們的各種可能性，不會重新陷入之前你以之創造的心理故事。你的新角色變成了你所做的事，而非「你是誰」。你可以在美洲豹的層次停止對這些角色的認同，而在蜂鳥的層次上發現它們千千萬萬的可能性，在那裡，每一個角色可以在任一時間被你丟掉或加以轉化，因為你不再認同它們。

練習：焚毀角色

做這個練習之前，你得準備一些材料，包括幾根小樹枝、幾張紙片、一隻筆、火，以及靈魂的勇氣。

凝視火焰（可以是家中的壁爐、香爐、火爐），讓腦中思緒緩下來、漸漸褪去。別再給與它們重量，看著這些想法、影像慢慢消散。火具有一種神奇的力量，可以協助人進入清晰的想像狀態，觸及作夢時刻。您可曾注意到，當人們坐在營火邊，往往可以一坐好幾個小時，什麼也不想、什麼也不說？

在每一張紙片上，寫下一個角色或對自我的定義，請特別留意要包括丈夫、妻子、父親、母親、醫生、一家之主、經濟支柱、護士、康復中的癮君子、學生、情人等等身分。每一個角色不管多崇高，都將你緊緊綑綁，使你陷在毫無靈感的噩夢裡。現在，拿起一張紙片纏繞在樹枝上，謝謝這個角色所教給你的一課以及它賦予你的力量。祝福它，然後把樹枝扔向火焰，看著它燒熔、化成灰燼。持續這個步驟，直到每一個角色都燒毀。你很明白，你已為自己創造了一個神聖的儀式，而且沒有美洲豹意識的參與。

當樹枝燃燒時，感覺那上升的熱氣。確保自己是在蜂鳥層次上——即詩與神話的層次，來進行這個儀式。想像所有與角色綑綁的責任與要求，全都化成了灰，因而你卸下了作為母親、配偶、兒子、職員的身分。敞開心來接納每一個角色所帶給你的禮物，此刻你明白，自己是不能被這些角色定義的，但卻可以用愛與優雅來表現它們。

演練原諒與贖罪

卸下對這些角色的認同，能幫助你淨化河流、準備好隨時赴死。把自己從受害者、供應者、單親媽媽的既定稱謂裡解放出來，如此可使你原諒他人、赦免自己，並且贖罪。

人們時常會自豪地宣稱，已原諒了母親長久以來的冷漠與不關心，或者原諒了父親的過度苛責，但他們卻從未要求父母親原諒自己的行為。每一次當案主告訴我，他們終於能夠原諒父親或母親時，我總是要他們即刻到那個人身旁，請求他的原諒，為的是我們也曾經讓父母有過一段難過的歲月。只有到那時，他們才能真正切斷彼此之間緊緊相繫的能量繩索，連同其上的種種故事也一併拋棄。

當一個人被錯待，要說出「我原諒你」已經如此困難，但另一方面，要說出「我感到很抱歉，希望你可以原諒我」似乎是更不容易。請記住，原諒是無關責備與心理情結的——而是有關丟掉心理情境，以便達到愛與內心的平靜。譬如你可以原諒前夫，選擇切斷與他的關係，但你也必須願意放掉自己心裡所創造的故事——有關於前夫如何錯待你而使你受苦的種種。每一次當你在腦海裡又重播那些情節，而且又重製忿恨、厭惡與傷感的情緒，你等於把那份關係又帶回生命裡。今天正是拋開這故事最恰當的時機，就這麼一次，原諒所有，把業障包袱全部拋在腦後。

請求原諒是一項艱巨的任務，因為你把自己敞開來，卻又捲入另一個人的心理劇碼中。前任配偶身為一個被錯待之情人的心理情境，可能對他而言反而是一種報償，所以他也許不會只因為你想構築一個更有力量的夢想，而願意放棄身為一個受害者的角色。

當你請求一份無條件的原諒，記住，另一個人是否願意參與新夢想的構築完全是他的選擇，與你無關，你可以找到勇氣說：「我很抱歉傷了你的心，使你失望。」不論他是否決定也以同樣敞開的心來回報你。對你而言，要真的放棄心中對於「我原諒你」這四個字的期盼，著實很不容易；更且，你也有困難原諒自己。在蜂鳥層次上，你將記起，如同其他人，你也正步行在心靈探索的旅程上，沿途上你一直有犯錯的可能性。

西方心理學告訴我們，為了治療情緒的創傷，我們必須原諒那些錯待自己的人，並且得到自己所錯待之人的原諒。這個策略的問題在於，此法反而把我們鎖在受害者、加害者、拯救者的心理情節裡，逃不出來。這正是為何地球守護者說，在補償之前，捐棄批判並原諒所有相關人士是非常重要的。如此一來，你才能真正與自己主導的這樣一齣缺乏想像力的戲碼脫鉤。

你用以下的想法饒恕自己：「我怎麼會嫁給這樣一個白痴？」或者「我那天晚上為什麼要把車子借給女兒，結果她就因此出了車禍？」於是你感到非常抱歉，用全部的生命來作補償，也就是贖罪；畢竟，你真正的債務是和宇宙之間的那一份。

贖罪的方式之一是，透過幫助需要幫助的人；當你這麼做，你的故事就不再是個人的故事，債務也不再是個人的債務。你看見了自己的行為如何傷害了別人，也看到了協助別人的機會，並且為自己所犯的罪對生命本身作補償。

有一個傍晚，場景在舊金山，我和一位朋友正向我們開來的車走去，車子就停在數條街以外的地方。走著走著，正要靠近一名睡在街頭的婦人時（她身上蓋著幾片紙板），看見前方有個人放了一張紙鈔在她身旁的杯子裡。幾秒鐘後，我們又看見幾名青少年把那張紙鈔給偷走。我原本想去追那幾個孩子，但同伴拉了我一下。然後我們掏出十塊錢放在婦人的夾克口袋裡。那天傍晚，我的朋友回報了一份債務給生命，他教了我大方施予的一課。

當你為他人犧牲，宇宙會看得到你為了贖罪所做的沈默舉動。你會感覺到身上罪惡的重量減輕了，因為雖然「說抱歉」可以帶來好的感覺，但為自己傷害的行為作補償，感覺似乎又更勝一籌。

無論如何，真正的補償必須以匿名的方式進行，正如耶穌曾經說：「別讓你的左手知道右手在做什麼。」也就是說，一旦你開始想到或談及自己所做的某件崇高的善行，它就變成了只為個人心理故事服務的自私舉動。保持在較高的意識層次上，構築一個你在其中不需要任何確認的世界，因為體驗原諒與愛便已足夠。

今晚準備離去

當你開始認同自我的靈魂，體驗你與大靈之間各種形式的連結，你會發現自我心中升起一股生存的勇氣，彷彿你已準備好隨時都可以死去。在你大膽依據心中最深刻的價值來行動時，你不會覺得困窘、羞愧或有脅迫感。你的人生會依照內心的意念自然而然展開，而且因為愛，你會對生命中來來去去的人說「嗨」和「再見」。你有信心，就算那些你在乎的人一開始不願參與你構築的新夢想，你也不會孤單。你很肯定，那築夢的伴侶一定會出現，加入你，和你一同創造新的現實……而且他們確實會。

在以下的練習裡，你可以盡情推測、思索新的現實將如何展開，透過這個思索，你已經敞開自己，接納宇宙可能施展的各種創意又神奇的辦法，協助你顯現夢想。

練習：為自己撰寫祭文

此刻要寫下你在這一生中究竟經驗了什麼事，的確不容易，特別是要你敘述其中一個重大事件的經過；卻不用受害者、加害者、拯救者這樣的角度來切入，更是困難；但現在你明白，如果要衝出夢魘，這是非做不可。此刻正是用蜂鳥的觀點述說整齣英雄故事的時候。打從出生到今天為止，你所經歷的旅程到底如何？寫下故事，彷彿你剛離開人間，而這篇祭文將要在你的喪禮上被朗讀出來。

你希望自己所愛的人記住你生命中哪些片斷，想想看自己在人生旅程上發現了什麼、體驗了什麼——這些事件可以協助人們更加了解你，但也別遺漏那些描繪出自己為活出自我而努力的短暫身影。

你如何感動他人？曾經發現什麼樣的愛，又帶給世界什麼愛？你曾做過哪些冒險？是否探索到什麼，學習到什麼？你創造了什麼？你最喜歡做什麼事？在面臨轉變、挑戰、失落、悲傷的時候，你如何度過？你成就了什麼嗎？

請記住，你就是說故事者，因此可以用自己想要的任何方式來呈現這些事實。其他人會用什麼方法寫這篇祭文，一點也不重要，儘管用自己喜歡的方法來描述，捕捉到真正的你。記得描寫你在經歷過失望和悲傷事件後所獲得的力量和禮物，把故事寫成一段英雄般的旅程。寫下個人的啟發、重生、創造和勝利。如果你發現，這篇祭文的內容是你真正想要的，但你尚未對自己所做的事作補償，那麼現在即刻去做。

完成之後，拿出情緒的勇氣分享給父母、伴侶和孩子。分享你所寫的故事，藉此讓那些在乎的人明白自己心中最重視的東西。此一練習可以幫助個人建立與他人之間的關係。這些人如今更加確切地認識了你，方能在自己真正期待實現的人生旅程上提供支持。

培養感恩的心

準備好隨時赴死，能讓我們全心活出生命，勇敢築夢，但它還有一項隱藏的禮物，即在我們心中培育感恩的種子。當人們停止忙碌的生活，緩下腳步，便擁有較充裕的時間觀看生命的全局，認可其中的幸福。譬如在一次腸胃感冒之後，我們時常在隔天一早醒來時，深深感謝那一小片白土司，以及自己能夠再度舒適地坐在椅子上。在經驗過旁人的死亡，或聽聞突發的悲劇，例如地震、陸橋坍塌、致命的車禍時，我們往往看著身邊的伴侶、孩子或好朋友，心想，自己是多麼幸運有他們在身邊！我應該花更多時間陪伴他們，告訴他們我有多麼在乎。

感恩是一種受到祝福的感覺，可以協助人擺脫被密密麻麻的工作清單奴役的痛苦，記起自己為何來到世界：是為了去愛、學習、成長、探索自己可以如何參與世界的創造——這偉大的藝術。感恩的心，提醒我們內在最珍視的東西，促使人不再拖延，從發狂而無意義的噩夢中醒來，開始真正用自己想要的方式活著；大膽而具獨創性的。

後記

Courageous Dreaming

每一個人都有潛力構築神聖而勇敢的夢想，那是一個超越個人欲望、把美帶給世界的夢。同時，我們還認可自己對這個夢的貢獻，卻又不過分強調自己的努力，因為身為更偉大夢想之一部分，其意義要遠比自我的重要性多得多。我們體驗到與他人共同築夢的滋味，包括自己所愛的人、只有一面之緣的人，還有素未謀面的人。我們鼓勵他們加入築夢的行列。

在印加、赫必（Hopi）、西藏、馬雅及其他各地的原始部落裡，傳承部落智慧的長老們，往往會在月圓之夜聚集在火爐旁，共同為美好的世界築夢，他們希望這夢想的美好世界能傳給子孫。在那個傍晚，他們靜靜抵達築夢者圍成的圓圈，心中深知，雖然他們能提供的只是大遠景中的一小塊，但帶著愛與意念出現來參與築夢的過程，卻是非常重要的。

在蛇的層次上，長老們明白他們只需坐在火爐旁；在美洲豹層次上，他們明瞭自己必須帶來愛與探索的心；在蜂鳥層次上，他們貢獻己力，卻不明白這份努力如何契合這集體的夢。在老鷹的意識上，他們看見那偉大的遠景就在眼前，明白那夢想的一切，卻無法表達或加以定義出來。他們感覺沈浸在愛裡，與天地間的一切連結。他們不再體驗到「我」，只感到大靈的力量和神奇。他們變成了月亮和星星；變成了火和煙；變成了每一個人和自己；變成了什麼都不是，也什麼都是。

他們是築夢者以及那神聖的夢……

正是這個夢，我祈願獻給每一個人。

生命潛能出版圖書目錄

健康種子系列		作者	譯者	定價
ST9001	身心合一	肯恩・戴特沃德	邱溫	250
ST9002	同類療法I—健康新抉擇	維登・麥凱博	陳逸群	250
ST9003	同類療法II—改善你的體質	維登・麥凱博	陳逸群	300
ST9004	抗癌策略	安・法瑞＆戴夫・法瑞	江孟蓉	220
ST9005	自我健康催眠	史丹利・費雪	季欣	220
ST9006	肢體療法百科	瑪加・奈思特	邱溫	360
ST9007	21世紀醫療革命：自然醫學	黃俊傑醫師		320
ST9008	靈性按摩	莎加培雅	沙微塔	450
ST9010	腦力營養策略	藍格＆席爾	陳麗芳	250
ST9011	飲食防癌	羅伯特・哈瑟瑞	邱溫	280
ST9012	雨林藥草居家療方	阿維戈＆愛普斯汀	許桂綿	280
ST9014	呼吸重生療法—— 身心整合與釋放壓力的另類選擇	凱瑟琳・道林	廖世德	250
ST9016	讓妳年輕10歲、多活10年	戴維・賴伯克	黃文慧	250
ST9017	身心調癒地圖	黛比・夏比洛	邱溫	320
ST9018	靈性治療的藝術	凱思・雪伍	林妙香	270
ST9019	巴哈花療法，心靈的解藥	大衛・威奈爾	黃寶敏	250
ST9021	逆轉癌症—— 恢復生命力的九大自療療程	席瓦妮・古曼 (附引導式自療冥想CD)	周晴燕	250
ST9022	印加靈魂復元療法—— 跨越時間之河修復生命 、改造未來	阿貝托・維洛多博士	許桂綿	280
ST9023	靈氣108問—— 以雙手傳遞宇宙生命能量的新時代療法	萊絲蜜・寶拉・賀倫	欣芬	240
ST9024	印加巫士的智慧洞見—— 成為地球守護者的操練與挑戰	阿貝托・維洛多博士	奕蘭	280
ST9025	靈氣為你帶來豐盛—— 遠離匱乏、體驗豐盛的 42天靈氣方案	萊絲蜜・寶拉	胡澤芬	220
ST9026	不疼不痛安心過生活—— 解除你的疼痛	克利斯・威爾斯＆ 葛瑞姆・諾恩	陳麗芳	280
ST9027	印加能量療法(新版)—— 一位心理家的薩滿學習之旅	阿貝托・維洛多博士	許桂綿	300
ST9028	靈氣心世界—— 以撫觸與覺知開展生命療癒	寶拉・賀倫博士	胡澤芬	280
ST9029	印加大夢—— 薩滿顯化夢想之道	阿貝托・維洛多博士	許桂綿	320

奧修靈性成長系列		作者	譯者	定價
ST6001	成熟──重新看見自己的純真與完整	奧修	黃瓊瑩	280
ST6002	勇氣──在生活中冒險是一種喜悅	奧修	黃瓊瑩	300
ST6003	創造力──釋放內在的力量	奧修	李舒潔	280
ST6004	覺察──品嘗自在合一的佛性滋味	奧修	黃瓊瑩	300
ST6005	直覺──超越邏輯的全新領悟	奧修	沈文玉	280
ST6006	親密──學習信任自己與他人	奧修	陳明堯	250
ST6007	愛、自由與單獨	奧修	黃瓊瑩	300
ST6008	叛逆的靈魂──奧修自傳	奧修(精裝本定價500元)	黃瓊瑩	399
ST6009	存在之詩──藏密教義的終極體驗	奧修	陳明堯	320
ST6010	禪──活出當下的意識	奧修	陳明堯	250
ST6011	瑜伽──提升靈魂的科學	奧修	林妙香	280
ST6012	蘇菲靈性之舞──讓自我死去的藝術	奧修	沈文玉	320
ST6013	道──順隨生命的核心	奧修	沙微塔	300
ST6014	身心平衡──與你的身體和心理對話	奧修(附放鬆靜心CD)	陳明堯	300
ST6015	喜悅──從內在深處湧現的快樂	奧修	陳明堯	280
ST6016	歡慶生死	奧修	黃瓊瑩	300
ST6017	與先哲奇人相遇	奧修	陳明堯	300
ST6018	情緒──釋放你的憤怒、恐懼與嫉妒	奧修(附靜心音樂CD)	沈文玉	250
ST6019	脈輪能量書I── 回歸存在的意識地圖	奧修	沙微塔	250
ST6020	脈輪能量書II── 靈妙體的探索旅程	奧修	沙微塔	250
ST6021	聰明才智──以創意回應當下	奧修	黃瓊瑩	300
ST6022	自由──成為自己的勇氣	奧修	林妙香	280
ST6023	奧修談禪師馬祖道一──空無之鏡	奧修	陳明堯	280
ST6024	靈魂之藥── 讓身心放鬆的靜心與覺察練習	奧修	陳明堯	250
ST6025	奧修談禪師南泉普願── 靈性的轉折	奧修	陳明堯	280
ST6026	女性意識── 女性特質的慶祝與提醒	奧修	沈文玉	220
ST6027	印度，我的愛── 靈性之旅	奧修（附「寧靜乍現」VCD）	陳明堯	320
ST6028	奧修談禪師趙州從諗── 以獅吼喚醒你的自性	奧修	陳明堯	250
ST6029	奧修談禪師臨濟義玄── 超脫理性的師父	奧修	陳明堯	250
ST6030	熱情── 真理、神性、美的探尋	奧修	陳明堯	280
ST6031	慈悲──愛的極致綻放	奧修	沈文玉	270
ST6032	靜心春與夏──奧修與你同在	奧修	陳明堯	220
ST6033	靜心秋與冬──奧修與你同在	奧修	陳明堯	220
ST6034	蓮花中的鑽石── 寂靜之聲與覺醒之鑰	奧修	陳明堯	320

健康種子系列 29

印加大夢——薩滿顯化夢想之道

原著書名／Courageous Dreaming
作　　者／阿貝托・維洛多（Alberto Villoldo, Ph.D.）博士
譯　　者／許桂綿
執行編輯／郎秀慧
總 編 輯／黃寶敏
發 行 人／許宜銘
行銷經理／陳伯文
出版發行／生命潛能文化事業有限公司
聯絡地址／台北市信義區(110)和平東路三段509巷7弄3號1樓
聯絡電話／(02) 2378-3399
傳　　真／(02) 2378-0011
網　　址／http://www.tgblife.com
E-mail／tgblife@ms27.hinet.net
郵政劃撥／17073315（戶名：生命潛能文化事業有限公司）
郵購九折，郵資單本50元、2本以上80元、購書滿$2500元以上免郵資

總 經 銷／吳氏圖書有限公司・電話／(02) 3234-0036
內文排版／普林特斯資訊有限公司・電話／(02) 8226-9696
印　　刷／承峰美術印刷・電話／(02) 2225-7055

2008年9月初版
定價：320元
ISBN :978-986-7349-74-3

行政院新聞局局版台業字第5435號　如有缺頁、破損，請寄回更換

國家圖書館出版品預行編目資料

印加大夢／阿貝托・維洛多（Alberto Villoldo）著；
許桂綿譯. -- 初版. --臺北市：生命潛能文化,
2008.09
面；　公分. --（健康種子系列：29）

譯自：Courageous Dreaming：
how shamans dream the world into being

ISBN 978-986-7349-74-3 (平裝)

1. 薩滿教　2. 夢　3. 自我實現　4. 南美洲

276.4　　97015281

回教、猶太教

無用祖先……

不吃猪肉、原因!!

故此要不打仗、和好

二種 民向一個通、極安定

絕阿大難?!

大餅為主食

春旱無農的

問題

迴把閱讀
(大陸絕不允許之境 上分) (億士至 … 大)
(全人)

師母 一心法師

(中華民族經典之發明 (為人類之功)
經典大典)

(2008 中

(初一) 一即阿含口師?
98/28 (唱之禪行) (讚之連任者)
(初三) 發明文 (中華民族) 化心字

紅顏 不管天下之紀
南天33天之下凡
台視第6台 (林口 佳…)
一萬人?!

(天人共舞) (罵座)
大家氣 (西中唱那?)
欲水是源 「休克本」
(隨在後一個?!)
致謝之一

(一)
毋見過之次?